MAUPASSANT

QUINZE CONTES

MAUPASSANT

QUINZE CONTES

A SELECTION
WITH INTRODUCTION
AND NOTES
BY

F. C. GREEN

*Professor of French Literature at the
University of Edinburgh*

CAMBRIDGE
UNIVERSITY PRESS

Published by the Press Syndicate of the University of Cambridge
The Pitt Building, Trumpington Street, Cambridge CB2 1RP
40 West 20th Street, New York, NY 10011–4211, USA
10 Stamford Road, Oakleigh, Victoria 3166, Australia

ISBN 0 521 05693 4

First published 1943
Twenty-ninth printing 1994

Printed in Great Britain at the
University Press, Cambridge

CONTENTS

INTRODUCTION

GUY DE MAUPASSANT was born on 5 August 1850 at the château de Miromesnil, which is near Dieppe and in the commune of Tourville-sur-Arques. His birthplace was not, however, the ancestral home of the Maupassant family, the origin of which is, indeed, obscure, though one biographer claims that, by virtue of a patent granted by the Emperor of Austria in 1752 to one of his forbears, Guy was entitled to the *particule nobiliaire*. Really, his father, Gustave de Maupassant, was extremely poor and but for the fact that his wife had some means the boy would not have been born in the château de Miromesnil, which the family only rented for two or three years. Guy's boyhood, until he was thirteen, was spent in a charming house, Les Verguies, at Etretat on the road to Fécamp. This belonged to his mother, Laure de Maupassant, whose relations with her husband were most unhappy. Indeed, after the birth of the second child, Hervé, Gustave de Maupassant rarely appeared in the family circle and then only to keep people from gossiping. Whether his conduct was entirely responsible for this domestic situation we do not know, though he seems to have been rather a weakling. Laure de Maupassant, on the other hand, was an energetic and imaginative woman and to her Guy owed his early schooling except for Latin, which he learned from the *vicaire* of Etretat, the abbé Aubourg. Madame de Maupassant was the sister of the writer, Alfred Le Poittevin, the close friend of the great novelist Flaubert, a circumstance which was to have a deep influence on Guy's career. Meanwhile, at Etretat and at his grandmother's house in Fécamp, the youngster led a care-free, delightful existence, playing and squabbling with the peasant boys, helping in the fields or, more often, out with the fishermen. To the end of his life Maupassant passionately loved rowing and was an excellent oarsman. Though not very tall, he was wiry and extremely fond of every kind of sport involving violent exercise out of doors.

Very naturally, when in 1863 Maupassant was sent as a boarder to the seminary of Yvetot, he conceived a strong dislike for this establishment. He seems to have been a bright though recalcitrant pupil, fond of practical jokes and contemptuous of his fellow-boarders, most of whom were destined for the Church. To judge from some precocious verses composed about this time he regarded the seminary as a prison, *un cloître solitaire*, loathing its ecclesiastical atmosphere, its ritual and discipline. No doubt because of this poem he was expelled in 1866, though his doting mamma wrote to Flaubert that she had withdrawn her poor sensitive boy because the harsh priests would not let him eat meat in Lent. It seems clear that what Guy needed most at this stage was a little paternal supervision. Probably about this time the family moved to Rouen, where Laure placed her two sons as day boarders in a private school, the Institution Leroy-Petit, which Guy later described in *La Question du Latin* under the name of the Institution Robineau. At any rate, he did not attend the lycée Corneille until the autumn of 1868. Here the boy did well and in July 1869 passed his *baccalauréat*. His father was then a clerk in a stockbroker's office earning a mere pittance, whilst his wife's fortune had been much reduced. However, the immediate problem of Guy's future was shelved when France declared war against Prussia.

Though several of Maupassant's *contes*, including the famous *Boule de Suif* and *Mademoiselle Fifi*, are tales of the Franco-Prussian campaign, the author was not himself a fighting soldier. He was called up with his class in 1870 and, after some training, was attached in September 1871 to the *Intendance* or, as we should say, the "Q" branch of the Second Division at Le Hâvre. After the armistice Gustave exerted himself considerably and, by pulling wires, managed to get his son a very junior and ill-paid clerkship in the Ministère de la Marine. Here he remained until January 1879, when he got himself transferred to the Ministère de l'Instruction Publique or Education Department. It was during these years that Guy de Maupassant observed at first hand the mode of life and the characteristics of the *fonctionnaire* or civil servant, and to these observations we are indebted for some of the best stories he wrote, notably *La Parure* and *En Famille*.

When Maupassant settled in Paris, his mother wrote about him to Gustave Flaubert, who invited the lad to his flat in the rue Murillo. Here, at the celebrated Sunday *matinées*, he met some of the greatest French men of letters, Alphonse Daudet, Heredia,

Huysmans, Goncourt, Zola, Mendès and also the famous Russian novelist, Tourgueneff, whom he much admired. However, it was some time before Maupassant began to visualise himself as an author, in spite of Flaubert's patient tuition. Writing to Guy's mother in 1873 about her son's future, Flaubert described him as a "bit of a loafer and only middlingly keen on work". Probably the veteran novelist, who was a very sedentary individual, failed to remember that his pupil was still very young and, moreover, still passionately keen on rowing and sailing. Every morning in the summer he used to get up early and snatch an hour or two on the river before returning to the office and the daily grind. Thus, until 1880, apart from a gruesome story printed in a provincial journal and a few articles to the big Parisian dailies, Maupassant had published nothing. To Flaubert, however, he had submitted several poems which the master declared as good as anything turned out by the Parnassians. In 1880, he published a collection of verse and in Zola's *Soirées de Médan* a tale about the war called *Boule de Suif*. This was in January, and in May of the same year Maupassant's beloved friend and mentor died. But he had no misgivings about his disciple now, for *Boule de Suif* was a master-piece. Maupassant, from that moment, never looked back, and for ten years worked hard contributing some three hundred short stories to *Le Gaulois*, *Gil Blas* and other periodicals. He also wrote six novels, three volumes of travel impressions and four plays. In spite of his robust appearance Maupassant was a very sick man, having contracted in his youth a sexual disease which was then incurable. As a result, he died of general paralysis in a nursing home at Passy on 6 July 1893.

Maupassant's association with Flaubert must not blind us to the fact that he was himself a very great and original artist. From his master no doubt he learned not only how to use the French language with telling effect but also how to observe the hundred ways in which the ordinary man displays his exasperating ordinari-ness. However, by casting his net more widely than Flaubert he gradually achieved a more tolerant outlook on humanity, a more sympathetic understanding of the circumstances which explain, if they do not excuse, the vices and foibles of average humanity. No French writer, not even Balzac, has depicted so vividly as Maupassant the effect of poverty on character. But the poverty he usually describes is relative, not absolute. It is the kind of poverty which goes hand in hand with shabby gentility, with the obligation to keep up appearances, to marry off a daughter, to entertain colleagues, to maintain the family prestige, in short, with what is called "living on the outside edge". It is not, as in Balzac, externally sordid. Yet it corrodes the soul and banishes joy, whetting the baser desires, fostering the growth of the mean passions like envy, greed, selfishness and cruelty. In scores of his tales, Maupassant portrays its baleful influence. *La Parure*, *En Famille*, *A Cheval* and *L'Héritage* are typical examples.

In the tales of Norman peasant life one can discern behind the author's apparent detachment a desire to make us understand why his characters are brutal or avaricious or insensitive. It is because the virtues one associates with Christian morality depend so largely upon economic circumstances. In several *contes*, the best of which are perhaps *Une Fille de Ferme* and *Rosalie Prudent*, Maupassant's terrible descriptions of peasant manners reveal a sincere pity for the wretched drudges whom fate has thrown upon the mercy of society. With incomparable art he interprets emotions and thoughts which the peasant harbours but cannot express in articulate language. In many stories, too, he shows us the less dramatic but gayer aspects of rustic life: the Rabelaisian *joie de vivre* and the amusing cunning of the Norman peasant with his incurable love of practical jokes and, as in *Le Père Simon*, his unexpected flashes of tenderness or generosity. As readers of *Le Baptême* will observe, Maupassant was extremely sensitive to the natural beauties of the Norman countryside, the fragrance of which he has captured in many of his stories.

When he chose, Maupassant could write a first-rate novel. *Pierre et Jean*, for instance, is in the great tradition of the French masters of psychological analysis. But it is as an exponent of the *conte* that he will always be remembered. By using this form of art he was able most fully to express his love of form, his instinct for clarity and conciseness, his flair for the truly dramatic situation. In the *conte* too, he was able to handle a great variety of situations and characters drawn as a rule from everyday life. He discovered, indeed, that in order to write perfect short stories it is not essential to imagine queer situations for ordinary people or queer people in ordinary situations. His best tales portray, in fact, very ordinary people in their habitual milieu: civil servants, soldiers, shopkeepers, retired tradesmen, peasants, farmers, etc. Occasionally, by way of contrast, he takes his reader into fashionable society or farther afield, to North Africa. Nearly always, however, Maupassant writes from first-hand experience of life, the essential queerness of which is thrown into relief by his genius for observation. He discovered, to quote his own words, that "certain encounters, certain inexplicable combinations of things, without appearing in the slightest degree exceptional, assuredly contain a greater quantity of life's secret essence than that dispersed through the ordinary run of events". That is why, in a country which has brought the art of the short story to a very high pitch of perfection, Guy de Maupassant is honoured as a master.

F. C. GREEN

March 1943

LA PARURE

C'était une de ces jolies et charmantes filles, née, comme par une erreur du destin, dans une famille d'employés. Elle n'avait pas de dot, pas d'espérances, aucun moyen d'être connue, comprise, aimée, épousée par un homme riche et distingué; et elle se laissa marier avec un petit commis du ministère de l'Instruction publique.

Elle fut simple, ne pouvant être parée; mais malheureuse comme une déclassée; car les femmes n'ont point de caste ni de race, leur beauté, leur grâce et leur charme leur servant de naissance et de famille. Leur finesse native, leur instinct d'élégance, leur souplesse d'esprit sont leur seule hiérarchie, et font des filles du peuple les égales des plus grandes dames.

Elle souffrait sans cesse, se sentant née pour toutes les délicatesses et tous les luxes. Elle souffrait de la pauvreté de son logement, de la misère des murs, de l'usure des sièges, de la laideur des étoffes.[1] Toutes ces choses, dont une autre femme de sa caste ne se serait même pas aperçue, la torturaient et l'indignaient. La vue de la petite Bretonne qui faisait son humble ménage éveillait en elle des regrets désolés et des rêves éperdus. Elle songeait aux antichambres muettes, capitonnées avec des tentures orientales, éclairées par de hautes torchères de bronze,[2] et aux deux grands valets en culotte courte qui dorment dans les larges fauteuils, assoupis par la chaleur lourde du calorifère. Elle songeait aux grands salons vêtus de soie ancienne, aux meubles fins portant des bibelots inestimables, et aux petits salons coquets, parfumés, faits pour la causerie de cinq heures avec les amis les plus intimes, les hommes connus et recherchés dont toutes les femmes envient et désirent l'attention.

Quand elle s'asseyait, pour dîner, devant la table ronde couverte d'une nappe de trois jours, en face de son mari qui découvrait la

---

1 *Elle souffrait de la pauvreté...étoffes:* She could not bear the poverty of her home, the wretched walls, the worn-out chairs, the ugly materials.
2 *torchères de bronze:* bronze candelabras.

soupière[1] en déclarant d'un air enchanté : " Ah ! le bon pot-au-feu ! je ne sais rien de meilleur que cela...", elle songeait aux dîners fins, aux argenteries reluisantes, aux tapisseries peuplant les murailles de personnages anciens et d'oiseaux étranges au milieu d'une forêt de féerie; elle songeait aux plats exquis servis en des vaisselles merveilleuses, aux galanteries chuchotées et écoutées avec un sourire de sphinx, tout en mangeant la chair rose d'une truite ou des ailes de gelinotte.

Elle n'avait pas de toilettes, pas de bijoux, rien. Et elle n'aimait que cela; elle se sentait faite pour cela. Elle eût tant désiré plaire, être enviée, être séduisante et recherchée.

Elle avait une amie riche, une camarade de couvent qu'elle ne voulait plus aller voir, tant elle souffrait en revenant. Et elle pleurait pendant des jours entiers, de chagrin, de regret, de désespoir et de détresse.

Or, un soir, son mari rentra, l'air glorieux[2] et tenant à la main une large enveloppe.

— Tiens, dit-il, voici quelque chose pour toi.

Elle déchira vivement le papier et en tira une carte imprimée qui portait ces mots :

"Le ministre de l'Instruction publique et Mme Georges Ramponneau prient M. et Mme Loisel de leur faire l'honneur de venir passer la soirée à l'hôtel du ministère, le lundi 18 janvier."

Au lieu d'être ravie, comme l'espérait son mari, elle jeta avec dépit[3] l'invitation sur la table, en murmurant :

— Que veux-tu que je fasse de cela ?

— Mais, ma chérie, je pensais que tu serais contente. Tu ne sors jamais, et c'est une occasion, cela, une belle ! J'ai eu une peine infinie à l'obtenir. Tout le monde en veut; c'est très recherché et on n'en donne pas beaucoup aux employés. Tu verras là tout le monde officiel.

Elle le regardait d'un œil irrité, et elle déclara avec impatience :

— Que veux-tu que je me mette sur le dos pour aller là ?

Il n'y avait pas songé; il balbutia :

1 *découvrait la soupière :* lifted the cover off the soup-tureen.
2 *l'air glorieux :* proudly.
3 *avec dépit :* peevishly.

— Mais la robe avec laquelle tu vas au théâtre. Elle me semble très bien, à moi...

Il se tut, stupéfait, éperdu, en voyant que sa femme pleurait. Deux grosses larmes descendaient lentement des coins des yeux vers les coins de la bouche; il bégaya:

— Qu'as-tu? qu'as-tu?

Mais, par un effort violent, elle avait dompté sa peine et elle répondit d'une voix calme en essuyant ses joues humides:

— Rien. Seulement je n'ai pas de toilette et par conséquent je ne peux aller à cette fête. Donne ta carte à quelque collègue dont la femme sera mieux nippée¹ que moi.

Il était désolé. Il reprit:

— Voyons, Mathilde. Combien cela coûterait-il, une toilette convenable, qui pourrait te servir encore en d'autres occasions, quelque chose de très simple?

Elle réfléchit quelques secondes, établissant ses comptes et songeant aussi à la somme qu'elle pouvait demander sans s'attirer un refus immédiat et une exclamation effarée du commis économe.

Enfin, elle répondit en hésitant:

— Je ne sais pas au juste, mais il me semble qu'avec quatre cents francs je pourrais arriver.

Il avait un peu pâli, car il réservait juste cette somme pour acheter un fusil et s'offrir des parties de chasse, l'été suivant, dans la plaine de Nanterre, avec quelques amis qui allaient tirer des alouettes, par là, le dimanche.

Il dit cependant:

— Soit. Je te donne quatre cents francs. Mais tâche d'avoir une belle robe.

Le jour de la fête approchait, et Mme Loisel semblait triste, inquiète, anxieuse. Sa toilette était prête cependant. Son mari lui dit un soir:

— Qu'as-tu? Voyons, tu es toute drôle depuis trois jours.

Et elle répondit:

— Cela m'ennuie de n'avoir pas un bijou, pas une pierre, rien à mettre sur moi. J'aurai l'air misère comme tout.² J'aimerais presque mieux ne pas aller à cette soirée.

---

1 *mieux nippée:* better off for clothes.
2 *J'aurai l'air misère comme tout:* I shall look as shabby as anything.

Il reprit:

— Tu mettras des fleurs naturelles. C'est très chic en cette saison-ci. Pour dix francs tu auras deux ou trois roses magnifiques.

Elle n'était point convaincue.

— Non...il n'y a rien de plus humiliant que d'avoir l'air pauvre au milieu de femmes riches.

Mais son mari s'écria:

— Que tu es bête! Va trouver ton amie Mme Forestier et demande-lui de te prêter des bijoux. Tu es bien assez liée avec elle pour faire cela.

Elle poussa un cri de joie.

— C'est vrai. Je n'y avais point pensé.

Le lendemain, elle se rendit chez son amie et lui conta sa détresse.[1]

Mme Forestier alla vers son armoire à glace, prit un large coffret, l'apporta, l'ouvrit, et dit à Mme Loisel:

— Choisis, ma chère.

Elle vit d'abord des bracelets, puis un collier de perles, puis une croix vénitienne, or et pierreries, d'un admirable travail. Elle essayait les parures devant la glace, hésitait, ne pouvait se décider à les quitter, à les rendre. Elle demandait toujours:

— Tu n'as plus rien autre?

— Mais si. Cherche. Je ne sais pas ce qui peut te plaire.

Tout à coup elle découvrit, dans une boîte de satin noir, une superbe rivière de diamants; et son cœur se mit à battre d'un désir immodéré. Ses mains tremblaient en la prenant. Elle l'attacha autour de sa gorge, sur sa robe montante, et demeura en extase devant elle-même.

Puis, elle demanda, hésitante, pleine d'angoisse:

— Peux-tu me prêter cela, rien que cela?

— Mais oui, certainement.

Elle sauta au cou de son amie, l'embrassa avec emportement, puis s'enfuit avec son trésor.

Le jour de la fête arriva. Mme Loisel eut un succès. Elle était plus jolie que toutes, élégante, gracieuse, souriante et folle de joie. Tous les hommes la regardaient, demandaient son nom, cherchaient à être présentés. Tous les attachés du cabinet voulaient valser avec elle. Le ministre la remarqua.

1 *sa détresse:* her worry.

Elle dansait avec ivresse, avec emportement, grisée par le plaisir, ne pensant plus à rien, dans le triomphe de sa beauté, dans la gloire de son succès, dans une sorte de nuage de bonheur fait de tous ces hommages, de toutes ces admirations, de tous ces désirs éveillés, de cette victoire si complète et si douce au cœur des femmes.

Elle partit vers quatre heures du matin. Son mari, depuis minuit, dormait dans un petit salon désert avec trois autres messieurs dont les femmes s'amusaient beaucoup.

Il lui jeta sur les épaules les vêtements qu'il avait apportés pour la sortie, modestes vêtements de la vie ordinaire, dont la pauvreté jurait avec l'élégance de la toilette de bal. Elle le sentit et voulut s'enfuir pour ne pas être remarquée par les autres femmes qui s'enveloppaient de riches fourrures.

Loisel la retenait:

— Attends donc. Tu vas attraper froid dehors. Je vais appeler un fiacre.

Mais elle ne l'écoutait point et descendait rapidement l'escalier. Lorsqu'ils furent dans la rue, ils ne trouvèrent pas de voiture; et ils se mirent à chercher, criant après les cochers qu'ils voyaient passer de loin.

Ils descendaient vers la Seine, désespérés, grelottants. Enfin ils trouvèrent sur le quai un de ces vieux coupés noctambules qu'on ne voit dans Paris que la nuit venue, comme s'ils eussent été honteux de leur misère pendant le jour.

Il les ramena jusqu'à leur porte, rue des Martyrs, et ils remontèrent tristement chez eux. C'était fini, pour elle. Et il songeait, lui, qu'il lui faudrait être au Ministère à dix heures.

Elle ôta les vêtements dont elle s'était enveloppé les épaules, devant la glace, afin de se voir encore une fois dans sa gloire. Mais soudain elle poussa un cri. Elle n'avait plus sa rivière autour du cou.

Son mari, à moitié dévêtu déjà, demanda:

— Qu'est-ce que tu as?

Elle se tourna vers lui, affolée:

— J'ai... j'ai... je n'ai plus la rivière de Mme Forestier.

Il se dressa éperdu:

— Quoi!... Comment!... Ce n'est pas possible!

Et ils cherchèrent dans les plis de la robe, dans les plis du manteau, dans les poches, partout. Ils ne la trouvèrent point.

Il demandait:

— Tu es sûre que tu l'avais encore en quittant le bal?

— Oui, je l'ai touchée dans le vestibule du Ministère.

— Mais si tu l'avais perdue dans la rue, nous l'aurions entendue tomber. Elle doit être dans le fiacre.

— Oui. C'est probable. As-tu pris le numéro?

— Non. Et toi, tu ne l'as pas regardé?

— Non.

Ils se contemplaient atterrés. Enfin Loisel se rhabilla.

— Je vais, dit-il, refaire tout le trajet que nous avons fait à pied, pour voir si je ne la retrouverai pas.

Et il sortit. Elle demeura en toilette de soirée, sans force pour se coucher, abattue sur une chaise, sans feu, sans pensée.

Son mari rentra vers sept heures. Il n'avait rien trouvé.

Il se rendit à la Préfecture de police, aux journaux, pour faire promettre une récompense, aux compagnies de petites voitures,[1] partout enfin où un soupçon d'espoir les poussait.

Elle attendit tout le jour, dans le même état d'effarement devant cet affreux désastre.

Loisel revint le soir, avec la figure creusée, pâlie; il n'avait rien découvert.

— Il faut, dit-il, écrire à ton amie que tu as brisé la fermeture de sa rivière et que tu la fais réparer. Cela nous donnera le temps de nous retourner.

Elle écrivit sous sa dictée.

Au bout d'une semaine, ils avaient perdu toute espérance.

Et Loisel, vieilli de cinq ans, déclara:

— Il faut aviser à remplacer[2] ce bijou.

Ils prirent, le lendemain, la boîte qui l'avait renfermé, et se rendirent chez le joaillier dont le nom se trouvait dedans. Il consulta ses livres:

— Ce n'est pas moi, madame, qui ai vendu cette rivière; j'ai dû seulement fournir l'écrin.

Alors ils allèrent de bijoutier en bijoutier, cherchant une parure pareille à l'autre, consultant leurs souvenirs, malades tous deux de chagrin et d'angoisse.

---

1 *compagnies de petites voitures:* the hackney cab companies.
2 *aviser à remplacer:* consider how we are going to replace.

Ils trouvèrent, dans une boutique du Palais-Royal, un chapelet de diamants qui leur parut entièrement semblable à celui qu'ils cherchaient. Il valait quarante mille francs. On le leur laisserait à trente-six mille.

Ils prièrent donc le joaillier de ne pas le vendre avant trois jours. Et ils firent condition qu'on le reprendrait pour trente-quatre mille francs si le premier était retrouvé avant la fin de février.

Loisel possédait dix-huit mille francs que lui avait laissés son père. Il emprunterait le reste.

Il emprunta, demandant mille francs à l'un, cinq cents à l'autre, cinq louis par-ci, trois louis par-là. Il fit des billets, prit des engagements ruineux, eut affaire aux usuriers, à toutes les races de prêteurs. Il compromit toute la fin de son existence,[1] risqua sa signature sans savoir même s'il pourrait y faire honneur, et, épouvanté par les angoisses de l'avenir, par la noire misère qui allait s'abattre sur lui, par la perspective de toutes les privations physiques et de toutes les tortures morales, il alla chercher la rivière nouvelle en déposant sur le comptoir du marchand trente-six mille francs.

Quand Mme Loisel reporta la parure à Mme Forestier, celle-ci lui dit, d'un air froissé:

— Tu aurais dû me la rendre plus tôt, car je pouvais en avoir besoin.

Elle n'ouvrit pas l'écrin, ce que redoutait son amie. Si elle s'était aperçue de la substitution qu'aurait-elle pensé? qu'aurait-elle dit? Ne l'aurait-elle pas prise pour une voleuse?

Mme Loisel connut la vie horrible des nécessiteux. Elle prit son parti[2] d'ailleurs tout d'un coup, héroïquement. Il fallait payer cette dette effroyable. Elle paierait. On renvoya la bonne; on changea de logement; on loua sous les toits une mansarde.

Elle connut les gros travaux du ménage, les odieuses besognes de la cuisine. Elle lava la vaisselle, usant ses ongles roses sur les poteries grasses et le fond des casseroles. Elle savonna le linge sale, les chemises et les torchons, qu'elle faisait sécher sur une corde; elle descendit à la rue, chaque matin, les ordures, et monta

---

1 *compromit toute la fin de son existence:* mortgaged all the rest of his life.
2 *prit son parti:* resigned herself to the inevitable.

l'eau, s'arrêtant à chaque étage pour souffler. Et, vêtue comme une femme du peuple, elle alla chez le fruitier, chez l'épicier, chez le boucher, le panier au bras, marchandant, injuriée, défendant sou à sou son misérable argent.

Il fallait chaque mois payer des billets, en renouveler d'autres, obtenir du temps.

Le mari travaillait, le soir, à mettre au net[1] les comptes d'un commerçant, et la nuit, souvent, il faisait de la copie à cinq sous la page.

Et cette vie dura dix ans.

Au bout de dix ans, ils avaient tout restitué, tout, avec le taux de l'usure et l'accumulation des intérêts superposés.[2]

Mme Loisel semblait vieille maintenant. Elle était devenue la femme forte, et dure, et rude, des ménages pauvres. Mal peignée, avec les jupes de travers et les mains rouges, elle parlait haut, lavait à grande eau les planchers.[3] Mais parfois, lorsque son mari était au bureau, elle s'asseyait auprès de la fenêtre, et elle songeait à cette soirée d'autrefois, à ce bal où elle avait été si belle et si fêtée.

Que serait-il arrivé si elle n'avait point perdu cette parure? Qui sait? qui sait? Comme la vie est singulière, changeante! Comme il faut peu de chose pour vous perdre ou vous sauver!

Or, un dimanche, comme elle était allée faire un tour aux Champs-Elysées pour se délasser des besognes de la semaine, elle aperçut tout à coup une femme qui promenait un enfant. C'était Mme Forestier, toujours jeune, toujours belle, toujours séduisante.

Mme Loisel se sentit émue. Allait-elle lui parler? Oui, certes. Et maintenant qu'elle avait payé, elle lui dirait tout. Pourquoi pas?

Elle s'approcha.

— Bonjour, Jeanne.

L'autre ne la reconnaissait point, s'étonnant d'être appelée aussi familièrement par cette bourgeoise. Elle balbutia:

— Mais... madame!... Je ne sais... Vous devez vous tromper.

— Non. Je suis Mathilde Loisel.

1 *mettre au net:* putting in order; putting straight; making a fair copy of. Translate here: "straightening out a tradesman's accounts".

2 *avec le taux de l'usure...superposés:* with the moneylender's percentage and the accumulated extra interest.

3 *lavait à grande eau les planchers:* swabbed down the floors.

Son amie poussa un cri:

— Oh!... ma pauvre Mathilde, comme tu es changée!...

— Oui, j'ai eu des jours bien durs, depuis que je ne t'ai vue; et bien des misères... et cela à cause de toi!...

— De moi... Comment ça?

— Tu te rappelles bien cette rivière de diamants que tu m'as prêtée pour aller à la fête du Ministère?

— Oui. Eh bien?

— Eh bien, je l'ai perdue.

— Comment! puisque tu me l'as rapportée.

— Je t'en ai rapporté une autre toute pareille. Et voilà dix ans que nous la payons. Tu comprends que ça n'était pas aisé pour nous, qui n'avions rien... Enfin c'est fini, et je suis rudement contente.

Mme Forestier s'était arrêtée.

— Tu dis que tu as acheté une rivière de diamants pour remplacer la mienne?

— Oui, tu ne t'en étais pas aperçue, hein? Elles étaient bien pareilles.

Et elle souriait d'une joie orgueilleuse et naïve.

Mme Forestier, fort émue, lui prit les deux mains.

— Oh! ma pauvre Mathilde! Mais la mienne était fausse. Elle valait au plus cinq cents francs!...

UNE VENDETTA

La veuve de Paolo Saverini habitait seule avec son fils une petite maison pauvre sur les remparts de Bonifacio. La ville, bâtie sur une avancée[1] de la montagne, suspendue même par places au-dessus de la mer, regarde, par-dessus le détroit hérissé d'écueils, la côte plus basse de la Sardaigne. A ses pieds, de l'autre côté, la contournant presque entièrement, une coupure de la falaise, qui ressemble à un gigantesque corridor, lui sert de port, amène jusqu'aux premières maisons, après un long circuit entre deux murailles abruptes, les petits bateaux pêcheurs italiens ou sardes, et, chaque quinzaine, le vieux vapeur poussif[2] qui fait le service d'Ajaccio.

---

1 *avancée:* outcrop.
2 *vieux vapeur poussif:* wheezy old steamer.

Sur la montagne blanche, le tas de maisons pose une tache plus blanche encore. Elles ont l'air de nids d'oiseaux sauvages, accrochées ainsi sur ce roc, dominant ce passage terrible où ne s'aventurent guère les navires. Le vent, sans repos, fatigue[1] la mer, fatigue la côte nue, rongée par lui, à peine vêtue d'herbe; il s'engouffre dans le détroit, dont il ravage les deux bords. Les traînées d'écume pâle, accrochées aux pointes noires des innombrables rocs qui percent partout les vagues, ont l'air de lambeaux de toile flottant et palpitant à la surface de l'eau.

La maison de la veuve Saverini, soudée au bord même de la falaise, ouvrait ses trois fenêtres sur cet horizon sauvage et désolé.

Elle vivait là, seule, avec son fils Antoine et leur chienne "Sémillante", grande bête maigre, aux poils longs et rudes, de la race des gardeurs de troupeaux. Elle servait au jeune homme pour chasser.

Un soir, après une dispute, Antoine Saverini fut tué traîtreusement, d'un coup de couteau, par Nicolas Ravolati qui, la nuit même, gagna la Sardaigne.

Quand la vieille mère reçut le corps de son enfant, que des passants lui rapportèrent, elle ne pleura pas, mais elle demeura longtemps immobile à le regarder; puis, étendant sa main ridée sur le cadavre, elle lui promit la vendetta. Elle ne voulut point qu'on restât avec elle, et elle s'enferma auprès du corps avec la chienne, qui hurlait. Elle hurlait, cette bête, d'une façon continue, debout au pied du lit, la tête tendue vers son maître, et la queue serrée entre les pattes. Elle ne bougeait pas plus que la mère, qui, penchée maintenant sur le corps, l'œil fixe, pleurait de grosses larmes muettes en le contemplant.

Le jeune homme, sur le dos, vêtu de sa veste de gros drap, trouée et déchirée à la poitrine, semblait dormir; mais il avait du sang partout: sur la chemise arrachée pour les premiers soins;[2] sur son gilet, sur sa culotte, sur la face, sur les mains. Des caillots de sang s'étaient figés dans la barbe et dans les cheveux.

La vieille mère se mit à lui parler. Au bruit de cette voix, la chienne se tut.

— Va, va, tu seras vengé, mon petit, mon garçon, mon pauvre enfant. Dors, dors, tu seras vengé, entends-tu? C'est la mère

1 *fatigue:* Translate here: "lashes".
2 *pour les premiers soins:* so as to give first aid.

qui le promet! Et elle tient toujours sa parole, la mère, tu le sais bien.

Et lentement elle se pencha vers lui, collant ses lèvres froides sur les lèvres mortes.

Alors, Sémillante se remit à gémir. Elle poussait une longue plainte monotone, déchirante, horrible.

Elles restèrent là, toutes les deux, la femme et la bête, jusqu'au matin.

Antoine Saverini fut enterré le lendemain, et bientôt on ne parla plus de lui dans Bonifacio.

Il n'avait laissé ni frère, ni proches cousins. Aucun homme n'était là pour poursuivre la vendetta. Seule, la mère y pensait, la vieille.

De l'autre côté du détroit, elle voyait du matin au soir un point blanc sur la côte. C'est un petit village sarde, Longosardo, où se réfugient les bandits corses traqués de trop près. Ils peuplent presque seuls ce hameau, en face des côtes de leur patrie, et ils attendent là le moment de revenir, de retourner au maquis.[1] C'est dans ce village, elle le savait, que s'était réfugié Nicolas Ravolati.

Toute seule, tout le long du jour, assise à sa fenêtre, elle regardait là-bas en songeant à la vengeance. Comment ferait-elle sans personne, infirme, si près de la mort? Mais elle avait promis, elle avait juré sur le cadavre. Elle ne pouvait oublier, elle ne pouvait attendre. Que ferait-elle? Elle ne dormait plus la nuit; elle n'avait plus ni repos ni apaisement; elle cherchait, obstinée. La chienne, à ses pieds, sommeillait, et, parfois, levant la tête, hurlait au loin. Depuis que son maître n'était plus là, elle hurlait souvent ainsi, comme si elle l'eût appelé, comme si son âme de bête, inconsolable, eût aussi gardé le souvenir que rien n'efface.

Or, une nuit, comme Sémillante se remettait à gémir, la mère, tout à coup, eut une idée, une idée de sauvage vindicatif et féroce. Elle la médita jusqu'au matin; puis, levée dès les approches du jour, elle se rendit à l'église. Elle pria, prosternée sur le pavé, abattue devant Dieu, le suppliant de l'aider, de la soutenir, de donner à son pauvre corps usé la force qu'il lui fallait pour venger le fils.

Puis elle rentra. Elle avait dans sa cour un ancien baril défoncé, qui recueillait l'eau des gouttières; elle le renversa, le vida, l'as-

1 *maquis* [from the Corsican *macchia*, a stain or spot]: scrub or bush.

sujettit contre le sol avec des pieux et des pierres; puis elle enchaîna Sémillante à cette niche, et elle rentra.

Elle marchait maintenant, sans repos, dans sa chambre, l'œil fixé toujours sur la côte de Sardaigne. Il était là-bas, l'assassin.

La chienne, tout le jour et toute la nuit, hurla. La vieille, au matin, lui porta de l'eau dans une jatte; mais rien de plus; pas de soupe, pas de pain.

La journée encore s'écoula. Sémillante, exténuée, dormait. Le lendemain, elle avait les yeux luisants, le poil hérissé, et elle tirait éperdument sur sa chaîne.

La vieille ne lui donna encore rien à manger. La bête, devenue furieuse, aboyait d'une voix rauque. La nuit encore se passa.

Alors, au jour levé, la mère Saverini alla chez le voisin, prier qu'on lui donnât deux bottes de paille. Elle prit de vieilles hardes[1] qu'avait portées autrefois son mari, et les bourra de fourrage, pour simuler un corps humain.

Ayant piqué un bâton dans le sol, devant la niche de Sémillante, elle noua dessus ce mannequin, qui semblait ainsi se tenir debout. Puis elle figura la tête au moyen d'un paquet de vieux linge.

La chienne, surprise, regardait cet homme de paille et se taisait, bien que dévorée de faim.

Alors la vieille alla acheter chez le charcutier un long morceau de boudin noir. Rentrée chez elle, elle alluma un feu de bois dans sa cour, auprès de la niche, et fit griller son boudin. Sémillante, affolée, bondissait, écumait, les yeux fixés sur le gril, dont le fumet lui entrait au ventre.

Puis la mère fit de cette bouillie fumante une cravate à l'homme de paille. Elle la lui ficela longtemps autour du cou, comme pour la lui entrer dedans. Quand ce fut fini, elle déchaîna la chienne.

D'un saut formidable, la bête atteignit la gorge du mannequin, et les pattes sur les épaules, se mit à la déchirer. Elle retombait, un morceau de sa proie à la gueule, puis s'élançait de nouveau, enfonçait ses crocs dans les cordes, arrachait quelques parcelles[2] de nourriture, retombait encore, et rebondissait, acharnée. Elle enlevait le visage par grands coups de dents, mettait en lambeaux le col entier.

La vieille, immobile et muette, regardait, l'œil allumé. Puis elle

---

1 *hardes:* clothes. Used only in a pejorative sense.
2 *parcelles:* bits; fragments.

renchaîna sa bête, la fit encore jeûner deux jours, et recommença
cet étrange exercice. Pendant trois mois, elle l'habitua à cette sorte
de lutte, à ce repas conquis à coups de crocs, elle ne l'enchaînait
plus maintenant mais elle la lançait d'un geste sur le mannequin.

Elle lui avait appris à le déchirer, à le dévorer, sans même
qu'aucune nourriture fût cachée en sa gorge. Elle lui donnait
ensuite, comme récompense, le boudin grillé pour elle.

Dès qu'elle apercevait l'homme, Sémillante frémissait, puis
tournait les yeux vers sa maîtresse, qui lui criait: "Va!" d'une voix
sifflante, en levant le doigt.

Quand elle jugea le temps venu, la mère Saverini alla se con-
fesser et communia un dimanche matin, avec une ferveur extatique;
puis, ayant revêtu des habits de mâle, semblable à un vieux pauvre
déguenillé, elle fit marché avec un pêcheur sarde, qui la conduisit,
accompagnée de sa chienne, de l'autre côté du détroit.

Elle avait, dans un sac de toile, un grand morceau de boudin.
Sémillante jeûnait depuis deux jours. La vieille femme, à tout
moment, lui faisait sentir la nourriture odorante, et l'excitait.

Elles entrèrent dans Longosardo. La Corse allait en boitillant.[1]
Elle se présenta chez un boulanger et demanda la demeure de
Nicolas Ravolati. Il avait repris son ancien métier, celui de
menuisier. Il travaillait seul au fond de sa boutique.

La vieille poussa la porte et l'appela:

— Hé! Nicolas!

Il se tourna; alors, lâchant sa chienne, elle cria:

— Va, va, dévore, dévore!

L'animal, affolé, s'élança, saisit la gorge. L'homme étendit les
bras, l'étreignit, roula par terre. Pendant quelques secondes, il se
tordit, battant le sol de ses pieds; puis il demeura immobile,
pendant que Sémillante lui fouillait le cou, qu'elle arrachait par
lambeaux. Deux voisins, assis sur leur porte, se rappelèrent parfaitement avoir vu sortir un vieux pauvre avec un chien noir
efflanqué[2] qui mangeait, tout en marchant, quelque chose de brun
que lui donnait son maître.

La vieille, le soir, était rentrée chez elle. Elle dormit bien, cette
nuit-là.

1 *allait en boitillant:* went limping along.
2 *efflanqué:* lean.

LE PROTECTEUR

Il n'aurait jamais rêvé une fortune si haute! Fils d'un huissier[1] de province, Jean Marin était venu, comme tant d'autres, faire son droit au quartier latin. Dans les différentes brasseries qu'il avait successivement fréquentées, il était devenu l'ami de plusieurs étudiants bavards qui crachaient de la politique en buvant des bocks. Il s'éprit d'admiration pour eux et les suivit avec obstination, de café en café, payant même leurs consommations quand il avait de l'argent.

Puis il se fit avocat[2] et plaida des causes qu'il perdit. Or, voilà qu'un matin, il apprit dans les feuilles qu'un de ses anciens camarades du quartier venait d'être nommé député.

Il fut de nouveau son chien fidèle, l'ami qui fait les corvées, les démarches,[3] qu'on envoie chercher quand on a besoin de lui et avec qui on ne se gêne point.[4] Mais il arriva par aventure parlementaire que le député devint ministre; six mois après Jean Marin était nommé conseiller d'État.[5]

Il eut d'abord une crise d'orgueil à en perdre la tête. Il allait dans les rues pour le plaisir de se montrer comme si on eût pu deviner sa position rien qu'à le voir. Il trouvait moyen de dire aux

---

1 *huissier:* "Sheriff's officer" is the closest translation, but we have no exact equivalent. The *huissier* not only serves writs and effects seizures under the instructions of the court but carries out certain jobs which in our country are entrusted to a solicitor. If, for instance, a tenant, on taking over a house, discovers that because of vermin or any other reason it is uninhabitable, he asks the *huissier* to make an official examination. This is called *faire un constat* and his report is valid as evidence because the *huissier*, being a *fonctionnaire assermenté*, is believed by the court without the calling of other witnesses.

2 *avocat:* barrister. For solicitor use *avoué.*

3 *qui fait les corvées, les démarches:* who does the wearisome spade-work.

4 *avec qui on ne se gêne point:* who is never shown any consideration.

5 *conseiller d'État: Le Conseil d'État* is a supreme administrative tribunal which has no counterpart in Great Britain. It exists chiefly to defend the French citizen against administrative negligence or injustice. It also draws up the wording of laws and decrees. One cannot therefore translate *conseiller d'État*, since Councillor of State does not render the meaning.

marchands chez qui il entrait, aux vendeurs de journaux, même aux cochers de fiacre, à propos des choses les plus insignifiantes:

— Moi qui suis conseiller d'État...

Puis il éprouva, naturellement, comme par suite de sa dignité, par nécessité professionnelle, par devoir d'homme puissant et généreux, un impérieux besoin de protéger. Il offrait son appui à tout le monde, en toute occasion, avec une inépuisable générosité.

Quand il rencontrait sur les boulevards une figure de connaissance, il s'avançait d'un air ravi, prenait les mains, s'informait de la santé, puis, sans attendre les questions, déclarait:

— Vous savez, moi, je suis conseiller d'État et tout à votre service. Si je puis vous être utile à quelque chose, usez de moi sans vous gêner.[1] Dans ma position, on a le bras long.

Et alors il entrait dans les cafés avec l'ami rencontré pour demander une plume, de l'encre et une feuille de papier à lettres — "une seule, garçon, c'est pour écrire une lettre de recommandation".

Et il en écrivait des lettres de recommandation, dix, vingt, cinquante par jour. Il en écrivait au café Américain, chez Bignon, chez Tortoni, à la Maison-Dorée, au café Riche, au Helder, au café Anglais, au Napolitain, partout, partout. Il en écrivait à tous les fonctionnaires de la République, depuis les juges de paix jusqu'aux ministres. Et il était heureux, tout à fait heureux.

Un matin, comme il sortait de chez lui pour se rendre au conseil d'État, la pluie se mit à tomber. Il hésita à prendre un fiacre, mais il n'en prit pas, et s'en fut à pied, par les rues.

L'averse devenait terrible, noyait les trottoirs, inondait la chaussée. M. Marin fut contraint de se réfugier sous une porte. Un vieux prêtre était déjà là, un vieux prêtre à cheveux blancs. Avant d'être conseiller d'État, M. Marin n'aimait point le clergé. Maintenant il le traitait avec considération depuis qu'un cardinal l'avait consulté poliment sur une affaire difficile. La pluie tombait en inondation, forçant les deux hommes à fuir jusqu'à la loge du concierge pour éviter les éclaboussures. M. Marin, qui éprouvait toujours la démangeaison de parler pour se faire valoir,[2] déclara:

1 usez de moi sans vous gêner: don't hesitate to make use of me.
2 pour se faire valoir: to show off.

— Voici un bien vilain temps, monsieur l'abbé.

Le vieux prêtre s'inclina:

— Oh! oui, monsieur, c'est bien désagréable lorsqu'on ne vient à Paris que pour quelques jours.

— Ah! vous êtes de province?

— Oui, monsieur, je ne suis ici qu'en passant.

— En effet, c'est très désagréable d'avoir de la pluie pour quelques jours passés dans la capitale. Nous autres, fonctionnaires, qui demeurons ici toute l'année, nous n'y songeons guère.

L'abbé ne répondait pas. Il regardait la rue où l'averse tombait moins pressée. Et soudain, prenant une résolution, il releva sa soutane comme les femmes relèvent leurs robes pour passer les ruisseaux.

M. Marin le voyant partir s'écria:

— Vous allez vous faire tremper, monsieur l'abbé. Attendez encore quelques instants, ça va cesser.

Le bonhomme, indécis, s'arrêta, puis il reprit:

— C'est que je suis très pressé. J'ai un rendez-vous urgent.

M. Marin semblait désolé.

— Mais vous allez être positivement traversé.[1] Peut-on vous demander dans quel quartier vous allez?

Le curé paraissait hésiter, puis il prononça:

— Je vais du côté du Palais-Royal.

— Dans ce cas, si vous le permettez, monsieur l'abbé, je vais vous offrir l'abri de mon parapluie. Moi, je vais au conseil d'État. Je suis conseiller d'État.

Le vieux prêtre leva le nez et regarda son voisin, puis déclara:

— Je vous remercie beaucoup, monsieur, j'accepte avec plaisir.

Alors M. Marin prit son bras et l'entraîna. Il le dirigeait, le surveillait, le conseillait:

— Prenez garde à ce ruisseau, monsieur l'abbé. Surtout méfiez-vous des roues des voitures; elles vous éclaboussent quelquefois des pieds à la tête. Faites attention aux parapluies des gens qui passent. Il n'y a rien de plus dangereux pour les yeux que le bout des baleines. Les femmes surtout sont insupportables; elles ne font attention à rien et vous plantent toujours en pleine figure les pointes de leurs ombrelles ou de leurs parapluies. Et jamais elles ne se dérangent pour personne. On dirait que la ville leur appar-

1 *traversé:* soaked to the skin.

tient. Elles règnent sur le trottoir et dans la rue. Je trouve, quant à moi, que leur éducation a été fort négligée.

Et M. Marin se mit à rire.

Le curé ne répondait pas. Il allait, un peu voûté, choisissant avec soin les places où il posait le pied pour ne crotter ni sa chaussure, ni sa soutane.

M. Marin reprit :

— C'est pour vous distraire un peu que vous venez à Paris, sans doute.

Le bonhomme répondit :

— Non, j'ai une affaire.

— Ah ! Est-ce une affaire importante ? Oserais-je vous demander de quoi il s'agit ? Si je puis vous être utile, je me mets à votre disposition.

Le curé paraissait embarrassé. Il murmura :

— Oh ! c'est une petite affaire personnelle. Une petite difficulté avec... avec mon évêque. Cela ne vous intéresserait pas. C'est une... une affaire d'ordre intérieur... de... de... matière ecclésiastique.

M. Marin s'empressa.

— Mais c'est justement le conseil d'État qui règle ces choses-là. Dans ce cas, usez de moi.

— Oui, monsieur, c'est aussi au conseil d'État que je vais. Vous êtes mille fois trop bon. J'ai à voir M. Lerepère et M. Savon, et aussi peut-être M. Petitpas.

M. Marin s'arrêta net.

— Mais ce sont mes amis, monsieur l'abbé, mes meilleurs amis, d'excellents collègues, des gens charmants. Je vais vous recommander à tous les trois, et chaudement. Comptez sur moi.

Le curé remercia, se confondit en excuses, balbutia mille actions de grâces.

M. Marin était ravi.

— Ah ! vous pouvez vous vanter d'avoir une fière chance, monsieur l'abbé. Vous allez voir, vous allez voir que, grâce à moi, votre affaire ira comme sur des roulettes.[1]

Ils arrivaient au conseil d'État. M. Marin fit monter le prêtre dans son cabinet, lui offrit un siège, l'installa devant le feu, puis prit place lui-même devant la table, et se mit à écrire :

[1] *ira comme sur des roulettes:* will go swimmingly.

"Mon cher collègue, permettez-moi de vous recommander de la façon la plus chaude un vénérable ecclésiastique des plus dignes et des plus méritants, M. l'abbé..."

Il s'interrompit et demanda:

— Votre nom, s'il vous plaît?

— L'abbé Ceinture.

M. Marin se remit à écrire:

"M. l'abbé Ceinture, qui a besoin de vos bons offices pour une petite affaire dont il vous parlera.

"Je suis heureux de cette circonstance, qui me permet, mon cher collègue..."

Et il termina par les compliments d'usage.

Quand il eut écrit les trois lettres, il les remit à son protégé qui s'en alla après un nombre infini de protestations.

M. Marin accomplit sa besogne, rentra chez lui, passa la journée tranquillement, dormit en paix, se réveilla enchanté et se fit apporter les journaux.

Le premier qu'il ouvrit était une feuille radicale. Il lut:

"Notre clergé et nos fonctionnaires.

"Nous n'en finirons pas d'enregistrer les méfaits du clergé. Un certain prêtre, nommé Ceinture, convaincu d'avoir conspiré contre le gouvernement existant, accusé d'actes indignes que nous n'indiquerons même pas, soupçonné en outre d'être un ancien jésuite métamorphosé en simple prêtre, cassé par un évêque pour des motifs qu'on affirme inavouables, et appelé à Paris pour fournir des explications sur sa conduite, a trouvé un ardent défenseur dans le nommé Marin, conseiller d'État, qui n'a pas craint de donner à ce malfaiteur en soutane les lettres de recommandation les plus pressantes pour tous les fonctionnaires républicains ses collègues.

"Nous signalons l'attitude inqualifiable de ce conseiller d'État à l'attention du ministre..."

M. Marin se dressa d'un bond, s'habilla, courut chez son collègue Petitpas qui lui dit:

— Ah çà, vous êtes fou de me recommander ce vieux conspirateur?

Et M. Marin, éperdu, bégaya:

— Mais non... voyez-vous... j'ai été trompé... Il avait l'air brave homme... il m'a joué... il m'a indignement joué. Je vous en prie, faites-le condamner sévèrement, très sévèrement. Je vais écrire. Dites-moi à qui il faut écrire pour le faire condamner. Je vais trouver le procureur général et l'archevêque de Paris, oui, l'archevêque...

Et s'asseyant brusquement devant le bureau de M. Petitpas, il écrivit:

"Monseigneur, j'ai l'honneur de porter à la connaissance de Votre Grandeur que je viens d'être victime des intrigues et des mensonges d'un certain abbé Ceinture, qui a surpris ma bonne foi.

"Trompé par les protestations de cet ecclésiastique, j'ai pu

. . . .

Puis, quand il eut signé et cacheté sa lettre, il se tourna vers son collègue et déclara:

— Voyez-vous, mon cher ami, que cela vous soit un enseignement, ne recommandez jamais personne.

UN DUEL

La guerre était finie; les Allemands occupaient la France; le pays palpitait comme un lutteur vaincu tombé sous le genou du vainqueur.

De Paris affolé, affamé, désespéré, les premiers trains sortaient, allant aux frontières nouvelles, traversant avec lenteur les campagnes et les villages. Les premiers voyageurs regardaient par les portières les plaines ruinées et les hameaux incendiés. Devant les portes des maisons restées debout, des soldats prussiens, coiffés du casque noir à la pointe de cuivre, fumaient leur pipe, à cheval sur des chaises. D'autres travaillaient ou causaient comme s'ils eussent fait partie des familles. Quand on passait les villes, on voyait des régiments entiers manœuvrant sur les places, et, malgré le bruit des roues, les commandements rauques arrivaient par instants.

M. Dubuis, qui avait fait partie de la garde nationale de Paris pendant toute la durée du siège, allait rejoindre en Suisse sa femme et sa fille, envoyées par prudence à l'étranger, avant l'invasion.

La famine et les fatigues n'avaient point diminué son gros ventre de marchand riche et pacifique. Il avait subi les événements terribles avec une résignation désolée et des phrases amères sur la sauvagerie des hommes. Maintenant qu'il gagnait la frontière, la guerre finie, il voyait pour la première fois des Prussiens, bien qu'il eût fait son devoir sur les remparts et monté bien des gardes[1] par les nuits froides.

Il regardait avec une terreur irritée ces hommes armés et barbus installés comme chez eux sur la terre de France, et il se sentait à l'âme une sorte de fièvre de patriotisme impuissant, en même temps que ce grand besoin, que cet instinct nouveau de prudence qui ne nous a plus quittés.

Dans son compartiment, deux Anglais, venus pour voir, regardaient de leurs yeux tranquilles et curieux. Ils étaient gros aussi tous deux et causaient en leur langue, parcourant parfois leur guide, qu'ils lisaient à haute voix en cherchant à bien reconnaître les lieux indiqués.

Tout à coup, le train s'étant arrêté à la gare d'une petite ville, un officier prussien monta avec un grand bruit de sabre sur le double marchepied du wagon. Il était grand, serré dans son uniforme et barbu jusqu'aux yeux. Son poil roux semblait flamber, et ses longues moustaches, plus pâles, s'élançaient des deux côtés du visage, qu'elles coupaient en travers.

Les Anglais aussitôt se mirent à le contempler avec des sourires de curiosité satisfaite, tandis que M. Dubuis faisait semblant de lire un journal. Il se tenait blotti[2] dans son coin, comme un voleur en face d'un gendarme.

Le train se remit en marche. Les Anglais continuaient à causer, à chercher les lieux précis des batailles; et soudain, comme l'un d'eux tendait le bras vers l'horizon en indiquant un village, l'officier prussien prononça en français, en étendant ses longues jambes et se renversant sur le dos:

— Ché tué touze Français tans ce fillage. Ché bris plus te cent brisonniers.

Les Anglais, tout à fait intéressés, demandèrent aussitôt:

— Aoh! comment s'appelé, cette village?

Le Prussien répondit: "Pharsbourg."

Il reprit:

— Ché bris ces bolissons de Français par les oreilles.

1 *monté bien des gardes:* mounted guard pretty often.
2 *blotti:* huddled up.

Et il regardait M. Dubuis en riant orgueilleusement dans son poil.[1]

Le train roulait, traversant toujours des hameaux occupés. On voyait les soldats allemands le long des routes, au bord des champs, debout au coin des barrières, ou causant devant les cafés. Ils couvraient la terre comme les sauterelles d'Afrique.

L'officier tendit la main:

— Si ch'afrais le gommandement, ch'aurais bris Paris, et brûlé tout, et tué tout le monde. Blus de France!

Les Anglais, par politesse, répondirent simplement:

— Aoh! yes.

Il continua:

— Tans vingt ans, toute l'Europe, toute, abartiendra à nous. La Brusse blus forte que tous.

Les Anglais, inquiets, ne répondaient plus. Leurs faces, devenues impassibles, semblaient de cire entre leurs longs favoris. Alors l'officier prussien se mit à rire. Et, toujours renversé sur le dos, il blagua.[2] Il blaguait la France écrasée, insultait les ennemis à terre; il blaguait l'Autriche, vaincue naguère; il blaguait la défense acharnée et impuissante des départements; il blaguait les mobiles, l'artillerie inutile. Il annonça que Bismarck allait bâtir une ville de fer avec les canons capturés. Et soudain il mit ses bottes contre la cuisse de M. Dubuis, qui détournait les yeux, rouge jusqu'aux oreilles.

Les Anglais semblaient devenus indifférents à tout, comme s'ils s'étaient trouvés brusquement renfermés dans leur île, loin des bruits du monde.

L'officier tira sa pipe et, regardant fixement le Français:

— Vous n'auriez bas de tabac?

M. Dubuis répondit:

— Non, monsieur!

L'Allemand reprit:

— Je fous brie t'aller en acheter gand le gonvoi s'arrêtera.

Et il se mit à rire de nouveau:

— Je vous tonnerai un bourboire.

Le train siffla, ralentissant sa marche. On passait devant les bâtiments incendiés d'une gare; puis on s'arrêta tout à fait.

L'Allemand ouvrit la portière et, prenant par le bras M. Dubuis:

1 *dans son poil:* into his beard.   2 *blaguer:* to rag, make fun of.

— Allez faire ma gommission, fite, fite!

Un détachement prussien occupait la station. D'autres soldats regardaient, debout, le long des grilles de bois. La machine déjà sifflait pour repartir. Alors, brusquement, M. Dubuis s'élança sur le quai et, malgré les gestes du chef de gare, il se précipita dans le compartiment voisin.

Il était seul! Il ouvrit son gilet, tant son cœur battait, et il s'essuya le front, haletant.

Le train s'arrêta de nouveau dans une station. Et tout à coup l'officier parut à la portière et monta, suivi bientôt des deux Anglais que la curiosité poussait. L'Allemand s'assit en face du Français et, riant toujours:

— Fous n'afez pas foulu faire ma gommission.

M. Dubuis répondit:

— Non, monsieur!

Le train venait de repartir.

L'officier dit:

— Che fais gouper fotre moustache pour bourrer ma pipe.

Et il avança la main vers la figure de son voisin.

Les Anglais, toujours impassibles, regardaient de leurs yeux fixes.

Déjà l'Allemand avait pris une pincée de poils et tirait dessus, quand M. Dubuis, d'un revers de main[1], lui releva le bras et, le saisissant au collet, le rejeta sur la banquette. Puis, fou de colère, les tempes gonflées, les yeux pleins de sang, l'étranglant toujours d'une main, il se mit avec l'autre, fermée, à lui taper furieusement des coups de poing par la figure. Le Prussien se débattait, tâchait de tirer son sabre, d'étreindre son adversaire couché sur lui. Mais M. Dubuis l'écrasait du poids énorme de son ventre, et tapait, tapait sans repos, sans prendre haleine, sans savoir où tombaient ses coups. Le sang coulait; l'Allemand, étranglé, râlait, crachait ses dents, essayait, mais en vain, de rejeter ce gros homme exaspéré, qui l'assommait.

Les Anglais s'étaient levés et rapprochés pour mieux voir. Ils se tenaient debout, pleins de joie et de curiosité, prêts à parier pour ou contre chacun des combattants.

Et soudain M. Dubuis, épuisé par un pareil effort, se releva et se rassit sans dire un mot.

---

1 *d'un revers de main…bras:* knocked up his arm with the back of his hand.

Le Prussien ne se jeta pas sur lui, tant il demeurait effaré, stupide d'étonnement et de douleur. Quand il eut repris haleine, il prononça:

— Si fous ne foulez pas me rentre raison avec le bistolet, che vous tuerai!

M. Dubuis répondit:

— Quand vous voudrez. Je veux bien.

L'Allemand reprit:

— Foici la ville de Strasbourg, che brendrai deux officiers bour témoins, ché le temps avant que le train rebarte.

M. Dubuis, qui soufflait autant que la machine, dit aux Anglais:

— Voulez-vous être mes témoins?

Tous deux répondirent ensemble:

— Aoh! yes!

Et le train s'arrêta.

En une minute, le Prussien avait trouvé deux camarades qui apportèrent des pistolets, et on gagna les remparts.

Les Anglais sans cesse tiraient leur montre, pressant le pas, hâtant les préparatifs, inquiets de l'heure pour ne point manquer le départ.

M. Dubuis n'avait jamais tenu un pistolet. On le plaça à vingt pas de son ennemi. On lui demanda:

— Êtes-vous prêt?

En répondant "oui, monsieur!" il s'aperçut qu'un des Anglais avait ouvert son parapluie pour se garantir du soleil.

Une voix commanda:

— Feu!

M. Dubuis tira, au hasard, sans attendre, et il aperçut avec stupeur le Prussien, debout en face de lui, qui chancelait, levait les bras et tombait raide sur le nez. Il l'avait tué.

Un Anglais cria un "Aoh!" vibrant de joie, de curiosité satisfaite et d'impatience heureuse. L'autre, qui tenait toujours sa montre à la main, saisit M. Dubuis par le bras, et l'entraîna, au pas gymnastique,[1] vers la gare.

Le premier Anglais marquait le pas, tout en courant, les poings fermés, les coudes au corps.

— Une, deux! une, deux!

1 *au pas gymnastique:* at the trot.

Et tous trois de front trottaient, malgré leurs ventres, comme trois grotesques d'un journal pour rire.

Le train partait. Ils sautèrent dans leur voiture. Alors, les Anglais, ôtant leurs toques de voyage, les levèrent en les agitant, puis, trois fois de suite, ils crièrent:

— Hip, hip, hip, hurrah!

Puis ils tendirent gravement, l'un après l'autre, la main droite à M. Dubuis, et ils retournèrent s'asseoir à côté dans leur coin.

EN FAMILLE

Le tramway de Neuilly venait de passer la porte Maillot et il
filait maintenant tout le long de la grande avenue qui aboutit à la
Seine. La petite machine, attelée à son wagon, cornait[1] pour
écarter les obstacles, crachait sa vapeur, haletait comme une personne essoufflée qui court ; et ses pistons faisaient un bruit précipité
de jambes de fer en mouvement. La lourde chaleur d'une fin de
journée d'été tombait sur la route d'où s'élevait, bien qu'aucune
brise ne soufflât, une poussière blanche, crayeuse, opaque, suffo-
cante et chaude, qui se collait sur la peau moite, emplissait les
yeux, entrait dans les poumons.

Des gens venaient sur leurs portes,[2] cherchant de l'air.

Les glaces de la voiture étaient baissées, et tous les rideaux
flottaient agités par la course rapide. Quelques personnes seulement occupaient l'intérieur (car on préférait, par ces jours chauds,
l'impériale[3] ou les plates-formes). C'étaient de grosses dames aux
toilettes farces,[4] de ces bourgeoises de banlieue qui remplacent la
distinction dont elles manquent par une dignité intempestive ;[5] des
messieurs las du bureau, la figure jaunie, la taille tournée,[6] une
épaule un peu remontée par les longs travaux courbés sur les tables.
Les faces inquiètes et tristes disaient encore[7] les soucis domes-
tiques, les incessants besoins d'argent, les anciennes espérances
définitivement déçues ; car tous appartenaient à cette armée de
pauvres diables râpés[8] qui végètent économiquement dans une
chétive maison de plâtre, avec une plate-bande pour jardin, au
milieu de cette campagne à dépotoirs[9] qui borde Paris.

1 *cornait :* tooted ; hooted.
2 *sur leurs portes :* out on their doorsteps.
3 *l'impériale :* the top.
4 *toilettes farces :* comical dresses.
5 *une dignité intempestive :* ill-timed dignity.
6 *la taille tournée :* with twisted (or lop-sided) bodies.
7 *disaient encore... :* told besides of....
8 *pauvres diables râpés :* poor, out-at-elbows wretches.
9 *campagne à dépotoirs :* region of sewage-farms.

Tout près de la portière, un homme petit et gros, la figure bouffie, le ventre tombant entre ses jambes ouvertes, tout habillé de noir et décoré, causait avec un grand maigre d'aspect débraillé,[1] vêtu de coutil blanc très sale et coiffé d'un vieux panama. Le premier parlait lentement, avec des hésitations qui le faisaient parfois paraître bègue; c'était M. Caravan, commis principal au ministère de la Marine. L'autre, ancien officier de santé[2] à bord d'un bâtiment de commerce, avait fini par s'établir au rond-point de Courbevoie où il appliquait sur la misérable population de ce lieu les vagues connaissances médicales qui lui restaient après une vie aventureuse. Il se nommait Chenet et se faisait appeler docteur. Des rumeurs couraient sur sa moralité.

M. Caravan avait toujours mené l'existence normale des bureaucrates. Depuis trente ans, il venait invariablement à son bureau, chaque matin, par la même route, rencontrant à la même heure, aux mêmes endroits, les mêmes figures d'hommes allant à leurs affaires; et il s'en retournait, chaque soir, par le même chemin où il retrouvait les mêmes visages qu'il avait vu vieillir.

Tous les jours, après avoir acheté sa feuille d'un sou[3] à l'encoignure du faubourg Saint-Honoré, il allait chercher ses deux petits pains, puis il entrait au ministère à la façon d'un coupable qui se constitue prisonnier; et il gagnait son bureau vivement, le cœur plein d'inquiétude, dans l'attente éternelle d'une réprimande pour quelque négligence qu'il aurait pu commettre.

Rien n'était jamais venu modifier l'ordre monotone de son existence; car aucun événement ne le touchait en dehors des affaires du bureau, des avancements et des gratifications. Soit qu'il fût au ministère, soit qu'il fût dans sa famille (car il avait épousé, sans dot, la fille d'un collègue), il ne parlait jamais que du service. Jamais son esprit atrophié par la besogne abêtissante et quotidienne n'avait plus d'autres pensées, d'autres espoirs, d'autres rêves, que ceux relatifs à son ministère. Mais une amertume gâtait toujours ses satisfactions d'employé: l'accès des commissaires de marine,[4] des ferblantiers comme on disait à cause de leurs galons d'argent,

---

1 *d'aspect débraillé:* slovenly looking.

2 *officier de santé:* Here: ship's doctor. Doctors who had not a full degree used to be allowed to practise with the title of *officier de santé.* This privilege was suppressed in 1892.

3 *sa feuille d'un sou:* his halfpenny newspaper.

4 *commissaire de marine:* naval paymaster.

aux emplois de sous-chefs et de chefs; et chaque soir, en dînant, il argumentait fortement devant sa femme, qui partageait ses haines, pour prouver qu'il est inique à tous égards de donner des places à Paris aux gens destinés à la navigation.

Il était vieux, maintenant, n'ayant point senti passer sa vie, car le collège, sans transition, avait été continué par le bureau, et les pions,[1] devant qui il tremblait autrefois, étaient aujourd'hui remplacés par les chefs, qu'il redoutait effroyablement. Le seuil de ces despotes en chambre le faisait frémir des pieds à la tête; et de cette continuelle épouvante il gardait une manière gauche de se présenter, une attitude humble et une sorte de bégaiement nerveux.

Il ne connaissait pas plus Paris que ne le peut connaître un aveugle conduit par son chien, chaque jour, sous la même porte; et s'il lisait dans son journal d'un sou les événements et les scandales, il les percevait comme des contes fantaisistes inventés à plaisir pour distraire les petits employés. Homme d'ordre, réactionnaire sans parti déterminé, mais ennemi des "*nouveautés*", il passait les faits politiques, que sa feuille, du reste, défigurait toujours pour les besoins payés d'une cause; et quand il remontait tous les soirs l'avenue des Champs-Élysées, il considérait la foule houleuse[2] des promeneurs et le flot roulant des équipages à la façon d'un voyageur dépaysé qui traverserait des contrées lointaines.

Ayant complété, cette année même, ses trente années de service obligatoire, on lui avait remis, au 1ᵉʳ janvier, la croix de la Légion d'honneur, qui récompense, dans ces administrations militarisées, la longue et misérable servitude—(on dit: *loyaux services*)—de ces tristes forçats rivés au carton vert.[3] Cette dignité inattendue, lui donnant de sa capacité une idée haute et nouvelle, avait en tout changé ses mœurs. Il avait dès lors supprimé les pantalons de couleur et les vestons de fantaisie, porté des culottes noires et de longues redingotes où son *ruban*, très large, faisait mieux;[4] et, rasé

1 *pions:* School slang for *surveillants* or *maîtres d'études* in a French secondary school. They are generally undergraduates who, in return for board, lodging and a small salary, look after the boys at "prep", at games and take them out for walks. The nearest translation is under-master, though the *pions* are not entrusted with formal tea hing in classes.

2 *la foule houleuse:* seething crowd.

3 *carton vert:* Translate here: "red tape". The reference is to the green cardboard files then used in Government offices.

4 *faisait mieux:* showed up better.

tous les matins, écurant ses ongles avec plus de soin, changeant de linge tous les deux jours par un légitime sentiment de convenances et de respect pour l'*Ordre* national dont il faisait partie, il était devenu, du jour au lendemain,[1] un autre Caravan, rincé,[2] majestueux et condescendant.

Chez lui, il disait "ma croix" à tout propos. Un tel orgueil lui était venu, qu'il ne pouvait plus même souffrir à la boutonnière des autres aucun ruban d'aucune sorte. Il s'exaspérait surtout à la vue des ordres étrangers — "qu'on ne devrait pas laisser porter en France"; et il en voulait particulièrement au docteur Chenet qu'il retrouvait tous les soirs au tramway, orné d'une décoration quelconque, blanche, bleue, orange ou verte.

La conversation des deux hommes, depuis l'Arc de Triomphe jusqu'à Neuilly, était, du reste, toujours la même; et, ce jour-là comme les précédents, ils s'occupèrent d'abord de différents abus locaux qui les choquaient l'un et l'autre, le maire de Neuilly en prenant à son aise.[3] Puis, comme il arrive infailliblement en compagnie d'un médecin, Caravan aborda le chapitre des maladies, espérant de cette façon glaner quelque petits conseils gratuits, ou même une consultation, en s'y prenant bien,[4] sans laisser voir la ficelle.[5] Sa mère, du reste, l'inquiétait depuis quelque temps. Elle avait des syncopes fréquentes et prolongées; et, bien que vieille de quatre-vingt-dix ans, elle ne consentait point à se soigner.

Son grand âge attendrissait Caravan, qui répétait sans cesse au *docteur* Chenet: — "En voyez-vous souvent arriver là?" Et il se frottait les mains avec bonheur, non qu'il tînt peut-être beaucoup à voir la bonne femme s'éterniser sur terre, mais parce que la longue durée de la vie maternelle était comme une promesse pour lui-même.

Il continua: — "Oh! dans ma famille on va loin; ainsi, moi, je suis sûr qu'à moins d'accident je mourrai très vieux." L'officier de santé jeta sur lui un regard de pitié; il considéra une seconde la figure rougeaude de son voisin, son cou graisseux, son bedon tombant entre deux jambes flasques et grasses, toute sa rondeur

1 *du jour au lendemain:* overnight.
2 *rincé:* well scrubbed.
3 *en prenant à son aise:* letting things slide.
4 *en s'y prenant bien:* if he went about it properly; if he played his cards well.
5 *sans laisser voir la ficelle:* without giving away his hand.

apoplectique de vieil employé ramolli; et, relevant d'un coup de main le panama grisâtre qui lui couvrait le chef, il répondit en ricanant: — "Pas si sûr que ça, mon bon, votre mère est une astèque[1] et vous n'êtes qu'un plein-de-soupe."[2] Caravan, troublé, se tut.

Mais le tramway arrivait à la station. Les deux compagnons descendirent, et M. Chenet offrit le vermouth au café du Globe, en face, où l'un et l'autre avaient leurs habitudes. Le patron, un ami, leur allongea deux doigts qu'ils serrèrent par-dessus les bouteilles du comptoir; et ils allèrent rejoindre trois amateurs de dominos, attablés là depuis midi. Des paroles cordiales furent échangées, avec le "Quoi de neuf?" inévitable. Ensuite les joueurs se remirent à leur partie; puis on leur souhaita le bonsoir. Ils tendirent leurs mains sans lever la tête; et chacun rentra dîner.

Caravan habitait, auprès du rond-point de Courbevoie, une petite maison à deux étages dont le rez-de-chaussée était occupé par un coiffeur.

Deux chambres, une salle à manger et une cuisine où des sièges recollés[3] erraient de pièce en pièce selon les besoins, formaient tout l'appartement que Mme Caravan passait son temps à nettoyer, tandis que sa fille Marie-Louise, âgée de douze ans, et son fils Philippe-Auguste, âgé de neuf, galopinaient dans les ruisseaux de l'avenue, avec tous les polissons du quartier.

Au-dessus de lui, Caravan avait installé sa mère, dont l'avarice était célèbre aux environs et dont la maigreur faisait dire que le *Bon Dieu* avait appliqué sur elle-même ses propres principes de parcimonie. Toujours de mauvaise humeur, elle ne passait point un jour sans querelles et sans colères furieuses. Elle apostrophait de sa fenêtre les voisins sur leurs portes, les marchandes des quatre-saisons,[4] les balayeurs et les gamins qui, pour se venger, la suivaient de loin, quand elle sortait, en criant: — "A la chie-en-lit!"

Une petite bonne normande, incroyablement étourdie, faisait le ménage et couchait au second, près de la vieille, dans la crainte d'un accident.

---

1 *astèque:* Usually Aztèque: a skinny creature.
2 *plein-de-soupe* (colloq.): a big fatty.
3 *sièges recollés:* mended chairs.
4 *marchandes des quatre-saisons:* coster-women.

Lorsque Caravan rentra chez lui, sa femme, atteinte d'une maladie chronique de nettoyage, faisait reluire avec un morceau de flanelle l'acajou des chaises éparses dans la solitude des pièces.

Elle portait toujours des gants de fil, ornait sa tête d'un bonnet à rubans multicolores sans cesse chaviré sur une oreille, et répétait, chaque fois qu'on la surprenait cirant, brossant, astiquant, ou lessivant : — "Je ne suis pas riche, chez moi tout est simple, mais la propreté c'est mon luxe, et celui-là en vaut bien un autre."[1]

Douée d'un sens pratique opiniâtre, elle était en tout le guide de son mari. Chaque soir, à table, et puis dans leur lit, ils causaient longuement des affaires du bureau, et, bien qu'elle eût vingt ans de moins que lui, il se confiait à elle comme à un directeur de conscience, et suivait en tout ses conseils.

Elle n'avait jamais été jolie ; elle était laide maintenant, de petite taille et maigrelette. L'inhabileté de sa vêture[2] avait toujours fait disparaître ses faibles attributs féminins qui auraient dû saillir avec art sous un habillage bien entendu. Ses jupes semblaient sans cesse tournées d'un côté ; et elle se grattait souvent, n'importe où, avec indifférence du public, par une sorte de manie qui touchait au tic.[3] Le seul ornement qu'elle se permît consistait en une profusion de rubans de soie entremêlés sur les bonnets prétentieux qu'elle avait coutume de porter chez elle.

Aussitôt qu'elle aperçut son mari, elle se leva, et, l'embrassant sur ses favoris : — "As-tu pensé à Potin, mon ami ?" (C'était pour une commission qu'il avait promis de faire.) Mais il tomba atterré sur un siège ; il venait encore d'oublier pour la quatrième fois : — "C'est une fatalité, disait-il, c'est une fatalité ; j'ai beau y penser toute la journée, quand le soir vient j'oublie toujours." Mais comme il semblait désolé, elle le consola : — "Tu y songeras demain, voilà tout. Rien de neuf au ministère ?"

— Si, une grande nouvelle : encore un ferblantier nommé sous-chef.

Elle devint très sérieuse :

— A quel bureau ?

— Au bureau des achats extérieurs.[4]

---

1 *celui-là en vaut bien un autre:* and that's just as good as any other.
2 *L'inhabileté de sa vêture:* Her lack of dress-sense.
3 *touchait au tic:* was almost an ingrained habit.
4 *bureau des achats extérieurs:* foreign purchases office.

Elle se fâchait:

— A la place de Ramon alors, juste celle que je voulais pour toi; et lui, Ramon? à la retraite?

Il balbutia: — "A la retraite." Elle devint rageuse, le bonnet parti sur l'épaule:

— C'est fini, vois-tu, cette boîte-là, rien à faire là-dedans maintenant. Et comment s'appelle-t-il, ton commissaire?

— Bonassot.

Elle prit l'Annuaire de la marine, qu'elle avait toujours sous la main, et chercha: "Bonassot. — Toulon. — Né en 1851. Élève-commissaire en 1871, Sous-commissaire en 1875."

— A-t-il navigué, celui-là?

A cette question, Caravan se rasséréna. Une gaieté lui vint qui secouait son ventre: — "Comme Balin, juste comme Balin, son chef." Et il ajouta, dans un rire plus fort, une vieille plaisanterie que tout le ministère trouvait délicieuse: — "Il ne faudrait pas les envoyer par eau inspecter la station navale du Point-du-Jour, ils seraient malades sur les bateaux-mouches."[1]

Mais elle restait grave comme si elle n'avait pas entendu, puis elle murmura en se grattant lentement le menton: "Si seulement on avait un député dans sa manche? Quand la Chambre saura tout ce qui se passe là-dedans, le ministre sautera du coup..."[2]

Des cris éclatèrent dans l'escalier, coupant sa phrase. Marie-Louise et Philippe-Auguste, qui revenaient du ruisseau, se flanquaient, de marche en marche, des gifles et des coups de pied. Leur mère s'élança, furieuse, et, les prenant chacun par un bras, elle les jeta dans l'appartement en les secouant avec vigueur.

Sitôt qu'ils aperçurent leur père, ils se précipitèrent sur lui, et il les embrassa tendrement, longtemps; puis, s'asseyant, les prit sur ses genoux et fit la causette avec eux.

Philippe-Auguste était un vilain mioche, dépeigné, sale des pieds à la tête, avec une figure de crétin. Marie-Louise ressemblait à sa mère déjà, parlait comme elle, répétant ses paroles, l'imitant même en ses gestes. Elle dit aussi: — "Quoi de neuf au ministère?" Il lui répondit gaiement: — "Ton ami Ramon, qui vient dîner ici tous les mois, va nous quitter, fifille. Il y a un nouveau

1 *bateaux-mouches:* Seine river boats.
2 *le ministre sautera du coup:* the scandal will put the minister out of office.

sous-chef à sa place." Elle leva les yeux sur son père, et, avec une commisération d'enfant précoce: — "Encore un qui t'a passé sur le dos,[1] alors."

Il finit de rire et ne répondit pas; puis, pour faire diversion, s'adressant à sa femme qui nettoyait maintenant les vitres: — "La maman va bien, là-haut?"

Mme Caravan cessa de frotter, se retourna, redressa son bonnet tout à fait parti dans le dos, et, la lèvre tremblante: — "Ah! oui, parlons-en de ta mère! Elle m'en a fait une jolie![2] Figure-toi que tantôt Mme Lebaudin, la femme du coiffeur, est montée pour m'emprunter un paquet d'amidon, et comme j'étais sortie, ta mère l'a chassée en la traitant de 'mendiante'. Aussi je l'ai arrangée, la vieille. Elle a fait semblant de ne pas entendre comme toujours quand on lui dit ses vérités, mais elle n'est pas plus sourde que moi, vois-tu; c'est de la frime,[3] tout ça; et la preuve, c'est qu'elle est remontée dans sa chambre, aussitôt, sans dire un mot."

Caravan, confus, se taisait, quand la petite bonne se précipita pour annoncer le dîner. Alors, afin de prévenir sa mère, il prit un manche à balai toujours caché dans un coin et frappa trois coups au plafond. Puis on passa dans la salle, et Mme Caravan la jeune servit le potage, en attendant la vieille. Elle ne venait pas, et la soupe refroidissait. Alors on se mit à manger tout doucement; puis, quand les assiettes furent vides, on attendit encore. Mme Caravan, furieuse, s'en prenait à son mari:[4] — "Elle le fait exprès, sais-tu. Aussi tu la soutiens toujours." Lui, fort perplexe, pris entre les deux, envoya Marie-Louise chercher grand'maman, et il demeura immobile, les yeux baissés, tandis que sa femme tapait rageusement le pied de son verre avec le bout de son couteau.

Soudain la porte s'ouvrit, et l'enfant seule réapparut tout essoufflée et fort pâle; elle dit très vite: — "Grand'maman est tombée par terre."

Caravan, d'un bond, fut debout, et, jetant sa serviette sur la table, il s'élança dans l'escalier, où son pas lourd et précipité retentit, pendant que sa femme, croyant à une ruse méchante de sa belle-mère, s'en venait plus doucement en haussant avec mépris les épaules.

---

1 *Encore un qui t'a passé sur le dos:* Another one who's got in ahead of you.

2 *Elle m'en a fait une jolie* (colloq.): She played a fine trick on me.

3 *c'est de la frime* (colloq.): it's all sham.

4 *s'en prenait à son mari* (colloq.): blamed her husband.

La vieille gisait tout de son long sur la face au milieu de la chambre, et, lorsque son fils l'eut retournée, elle apparut, immobile et sèche, avec sa peau jaunie, plissée, tannée, ses yeux clos, ses dents serrées, et tout son corps maigre raidi.

Caravan, à genoux près d'elle, gémissait: — "Ma pauvre mère, ma pauvre mère!" Mais l'autre Mme Caravan, après l'avoir considérée un instant, déclara: — "Bah! elle a encore une syncope, voilà tout; c'est pour nous empêcher de dîner, sois-en sûr."

On porta le corps sur le lit, on le déshabilla complètement; et tous, Caravan, sa femme, la bonne, se mirent à le frictionner. Malgré leurs efforts, elle ne reprit pas connaissance. Alors on envoya Rosalie chercher le *docteur* Chenet. Il habitait sur le quai, vers Suresnes. C'était loin, l'attente fut longue. Enfin il arriva, et, après avoir considéré, palpé, ausculté la vieille femme, il prononça: — "C'est la fin."

Caravan s'abattit sur le corps, secoué par des sanglots précipités: et il baisait convulsivement la figure rigide de sa mère en pleurant avec tant d'abondance que de grosses larmes tombaient comme des gouttes d'eau sur le visage de la morte.

Mme Caravan la jeune eut une crise convenable de chagrin, et, debout derrière son mari, elle poussait de faibles gémissements en se frottant les yeux avec obstination.

Caravan, la face bouffie, ses maigres cheveux en désordre, très laid dans sa douleur vraie, se redressa soudain: — "Mais... êtes-vous sûr, docteur... êtes-vous bien sûr?..." L'officier de santé s'approcha rapidement, et maniant le cadavre avec une dextérité professionnelle, comme un négociant qui ferait valoir sa marchandise: — "Tenez, mon bon, regardez l'œil." Il releva la paupière, et le regard de la vieille femme réapparut sous son doigt, nullement changé, avec la pupille un peu plus large peut-être. Caravan reçut un coup dans le cœur, et une épouvante lui traversa les os.

M. Chenet prit le bras crispé, força les doigts pour les ouvrir, et, l'air furieux comme en face d'un contradicteur: — "Mais regardez-moi cette main, je ne m'y trompe jamais, soyez tranquille."

Caravan retomba vautré sur le lit, beuglant presque; tandis que sa femme, pleurnichant toujours, faisait les choses nécessaires. Elle approcha la table de nuit sur laquelle elle étendit une serviette,

posa dessus quatre bougies qu'elle alluma, prit un rameau de buis[1]
accroché derrière la glace de la cheminée et le posa entre les bougies
dans une assiette qu'elle emplit d'eau claire, n'ayant point d'eau
bénite. Mais, après une réflexion rapide, elle jeta dans cette eau
une pincée de sel, s'imaginant sans doute exécuter là une sorte de
consécration.

Lorsqu'elle eut terminé la figuration qui doit accompagner la
Mort, elle resta debout, immobile. Alors l'officier de santé, qui
l'avait aidée à disposer les objets, lui dit tout bas: — "Il faut
emmener Caravan." Elle fit un signe d'assentiment, et s'approchant
de son mari qui sanglotait, toujours à genoux, elle le souleva par
un bras, pendant que M. Chenet le prenait par l'autre.

On l'assit d'abord sur une chaise, et sa femme, le baisant au
front, le sermonna. L'officier de santé appuyait ses raisonnements,
conseillant la fermeté, le courage, la résignation, tout ce qu'on ne
peut garder dans ces malheurs foudroyants. Puis tous deux le
prirent de nouveau sous les bras et l'emmenèrent.

Il larmoyait comme un gros enfant, avec des hoquets convulsifs,
avachi,[2] les bras pendants, les jambes molles; et il descendit l'escalier sans savoir ce qu'il faisait, remuant les pieds machinalement.

On le déposa dans le fauteuil qu'il occupait toujours à table,
devant son assiette presque vide où sa cuiller encore trempait dans
un reste de soupe. Et il resta là, sans un mouvement, l'œil fixé sur
son verre, tellement hébété qu'il demeurait même sans pensée.

Mme Caravan, dans un coin, causait avec le docteur, s'informait
des formalités, demandait tous les renseignements pratiques. A la
fin, M. Chenet, qui paraissait attendre quelque chose, prit son
chapeau et, déclarant qu'il n'avait pas dîné, fit un salut pour sortir.
Elle s'écria:

— Comment, vous n'avez pas dîné? Mais restez, docteur, restez
donc! On va vous servir ce que nous avons; car vous comprenez
que nous, nous ne mangerons pas grand'chose.

Il refusa, s'excusant; elle insistait:

— Comment donc, mais restez. Dans des moments pareils, on
est heureux d'avoir des amis près de soi; et puis, vous déciderez

1 *un rameau de buis:* a sprig of boxwood. On Palm Sundays sprigs of
boxwood dipped in holy water are distributed in French churches.
2 *avachi:* dead beat.

peut-être mon mari à se réconforter un peu: il a tant besoin de prendre des forces.

Le docteur s'inclina, et, déposant son chapeau sur un meuble: — "En ce cas, j'accepte, madame."

Elle donna des ordres à Rosalie affolée, puis elle-même se mit à table, "pour faire semblant de manger, disait-elle, et tenir compagnie au *docteur*".

On reprit du potage froid. M. Chenet en redemanda. Puis apparut un plat de gras-double lyonnaise[1] qui répandit un parfum d'oignon; et dont Mme Caravan se décida à goûter. — "Il est excellent", dit le docteur. Elle sourit: — "N'est-ce pas?" Puis se tournant vers son mari: — "Prends-en donc un peu, mon pauvre Alfred, seulement pour te mettre quelque chose dans l'estomac, songe que tu vas passer la nuit!"

Il tendit son assiette docilement, comme il aurait été se mettre au lit si on le lui eût recommandé, obéissant à tout sans résistance et sans réflexion. Et il mangea.

Le docteur, se servant lui-même, puisa trois fois dans le plat, tandis que Mme Caravan, de temps en temps, piquait un gros morceau au bout de sa fourchette et l'avalait avec une sorte d'inattention étudiée.

Quand parut un saladier plein de macaroni, le docteur murmura: — "Bigre! voilà une bonne chose." Et Mme Caravan, cette fois, servit tout le monde. Elle remplit même les soucoupes où barbotaient les enfants, qui, laissés libres, buvaient du vin pur et s'attaquaient déjà, sous la table, à coups de pied.

M. Chenet rappela l'amour de Rossini pour ce mets italien; puis tout à coup: — Tiens! mais ça rime; on pourrait commencer une pièce de vers·

>Le maëstro Rossini
>Aimait le macaroni...

On ne l'écoutait point. Mme Caravan, devenue soudain réfléchie, songeait à toutes les conséquences probables de l'événement; tandis que son mari roulait des boulettes de pain qu'il déposait ensuite sur la nappe, et qu'il regardait fixement d'un air idiot. Comme une soif ardente lui dévorait la gorge, il portait sans cesse à sa bouche son verre tout rempli de vin; et sa raison, culbutée déjà par

[1] *gras-double lyonnaise:* tripe and onions.

la secousse et le chagrin, devenait flottante, lui paraissait danser dans l'étourdissement subit de la digestion commencée et pénible.

Le docteur, du reste, buvait comme un trou,[1] se grisait visiblement; et Mme Caravan elle-même, subissant la réaction qui suit tout ébranlement nerveux, s'agitait, troublée aussi, bien qu'elle ne prît que de l'eau, et se sentait la tête un peu brouillée.

M. Chenet s'était mis à raconter des histoires de décès qui lui paraissaient drôles. Car dans cette banlieue parisienne, remplie d'une population de province, on retrouve cette indifférence du paysan pour le mort, fût-il son père ou sa mère, cet irrespect, cette férocité inconsciente si communs dans les campagnes, et si rares à Paris. Il disait: — "Tenez, la semaine dernière, rue de Puteaux, on m'appelle, j'accours; je trouve le malade trépassé, et, auprès du lit, la famille qui finissait tranquillement une bouteille d'anisette achetée la veille pour satisfaire un caprice du moribond."

Mais Mme Caravan n'écoutait pas, songeant toujours à l'héritage; et Caravan, le cerveau vidé, ne comprenait rien.

On servit le café, qu'on avait fait très fort pour se soutenir le moral. Chaque tasse, arrosée de cognac, fit monter aux joues une rougeur subite, mêla les dernières idées de ces esprits vacillants déjà.

Puis le *docteur*, s'emparant soudain de la bouteille d'eau-de-vie, versa la *"rincette"*[2] à tout le monde. Et, sans parler, engourdis dans la chaleur douce de la digestion, saisis malgré eux par ce bien-être animal que donne l'alcool après dîner, ils se gargarisaient lentement avec le cognac sucré qui formait un sirop jaunâtre au fond des tasses.

Les enfants s'étaient endormis et Rosalie les coucha.

Alors Caravan, obéissant machinalement au besoin de s'étourdir qui pousse tous les malheureux, reprit plusieurs fois de l'eau-de-vie; et son œil hébété luisait.

Le *docteur*, enfin, se leva pour partir; et s'emparant du bras de son ami:

— Allons, venez avec moi, dit-il; un peu d'air vous fera du bien; quand on a des ennuis, il ne faut pas s'immobiliser.

---

1 *comme un trou:* like a fish.

2 *la "rincette":* There is no English equivalent. Literally it is the "rinser", i.e. the few drops of cognac poured into the coffee-cup to rinse it out: nip.

L'autre obéit docilement, mit son chapeau, prit sa canne, sortit; et tous deux, se tenant par le bras, descendirent vers la Seine sous les claires étoiles.

Des souffles embaumés flottaient dans la nuit chaude, car tous les jardins des environs étaient à cette saison pleins de fleurs, dont les parfums, endormis pendant le jour, semblaient s'éveiller à l'approche du soir et s'exhalaient, mêlés aux brises légères qui passaient dans l'ombre.

L'avenue large était déserte et silencieuse avec ses deux rangs de becs de gaz allongés jusqu'à l'Arc de Triomphe. Mais là-bas Paris bruissait dans une buée rouge. C'était une sorte de roulement continu auquel paraissait répondre parfois au loin, dans la plaine, le sifflet d'un train accourant à toute vapeur, ou bien fuyant, à travers la province, vers l'Océan.

L'air du dehors, frappant les deux hommes au visage, les surprit d'abord, ébranla l'équilibre du docteur, et accentua chez Caravan les vertiges qui l'envahissaient depuis le dîner. Il allait comme dans un songe, l'esprit engourdi, paralysé, sans chagrin vibrant, saisi par une sorte d'engourdissement moral qui l'empêchait de souffrir, éprouvant même un allègement qu'augmentaient les exhalaisons tièdes épandues dans la nuit.

Quand ils furent au pont, ils tournèrent à droite, et la rivière leur jeta à la face un souffle frais. Elle coulait, mélancolique et tranquille, devant un rideau de hauts peupliers; et des étoiles semblaient nager sur l'eau, remuées par le courant. Une brume fine et blanchâtre qui flottait sur la berge de l'autre côté apportait aux poumons une senteur humide; et Caravan s'arrêta brusquement, frappé par cette odeur de fleuve qui remuait dans son cœur des souvenirs très vieux.

Et il revit soudain sa mère, autrefois, dans son enfance à lui, courbée à genoux devant leur porte, là-bas, en Picardie, et lavant au mince cours d'eau qui traversait le jardin le linge en tas à côté d'elle. Il entendait son battoir dans le silence tranquille de la campagne, sa voix qui criait: "Alfred, apporte-moi du savon." Et il sentait cette même odeur qui coule, cette même brume envolée des terres ruisselantes, cette buée marécageuse dont la saveur était restée en lui, inoubliable, et qu'il retrouvait justement ce soir-là même où sa mère venait de mourir.

Il s'arrêta, raidi dans une reprise de désespoir fougueux. Ce fut comme un éclat de lumière illuminant d'un seul coup toute l'étendue de son malheur; et la rencontre de ce souffle errant le jeta dans l'abîme noir des douleurs irrémédiables. Il sentit son cœur déchiré par cette séparation sans fin. Sa vie était coupée au milieu; et sa jeunesse entière disparaissait engloutie dans cette mort. Tout l'"*autrefois*" était fini; tous les souvenirs d'adolescence s'évanouissaient; personne ne pourrait plus lui parler des choses anciennes, des gens qu'il avait connus jadis, de son pays, de lui-même, de l'intimité de sa vie passée; c'était une partie de son être qui avait fini d'exister; à l'autre de mourir maintenant.

Et le défilé des évocations commença. Il revoyait "la maman" plus jeune, vêtue de robes usées sur elle, portées si longtemps qu'elles semblaient inséparables de sa personne; il la retrouvait dans mille circonstances oubliées : avec des physionomies effacées, ses gestes, ses intonations, ses habitudes, ses manies, ses colères, les plis de sa figure, les mouvements de ses doigts maigres, toutes ses attitudes familières qu'elle n'aurait plus.

Et, se cramponnant au docteur, il poussa des gémissements. Ses jambes flasques tremblaient; toute sa grosse personne était secouée par les sanglots, et il balbutiait : — "Ma mère, ma pauvre mère, ma pauvre mère!..."

Mais son compagnon, toujours ivre, et qui rêvait de finir la soirée en des lieux qu'il fréquentait secrètement, impatienté par cette crise aiguë de chagrin, le fit asseoir sur l'herbe de la rive, et presque aussitôt le quitta sous prétexte de voir un malade.

Caravan pleura longtemps; puis, quand il fut à bout de larmes, quand toute sa souffrance eut pour ainsi dire coulé, il éprouva de nouveau un soulagement, un repos, une tranquillité subite.

La lune s'était levée; elle baignait l'horizon de sa lumière placide. Les grands peupliers se dressaient avec des reflets d'argent, et le brouillard, sur la plaine, semblait de la neige flottante; le fleuve, où ne nageaient plus les étoiles mais qui paraissait couvert de nacre, coulait toujours, ridé par des frissons brillants. L'air était doux, la brise odorante. Une mollesse passait dans le sommeil de la terre, et Caravan buvait cette douceur de la nuit; il respirait longuement, croyait sentir pénétrer jusqu'à l'extrémité de ses membres une fraîcheur, un calme, une consolation surhumaine.

Il résistait toutefois à ce bien-être envahissant, se répétait : — "Ma mère, ma pauvre mère", s'excitant à pleurer par une sorte de conscience d'honnête homme;[1] mais il ne le pouvait plus; et aucune tristesse même ne l'étreignait aux pensées qui, tout à l'heure encore, l'avaient fait si fort sangloter.

Alors il se leva pour rentrer, revenant à petits pas, enveloppé dans la calme indifférence de la nature sereine, et le cœur apaisé malgré lui.

Quand il atteignit le pont, il aperçut le fanal du dernier tramway prêt à partir et, par derrière, les fenêtres éclairées du café du Globe.

Alors un besoin lui vint de raconter la catastrophe à quelqu'un, d'exciter la commisération, de se rendre intéressant. Il prit une physionomie lamentable, poussa la porte de l'établissement, et s'avança vers le comptoir où le patron trônait toujours. Il comptait sur un effet, tout le monde allait se lever, venir à lui, la main tendue: — "Tiens, qu'avez-vous?" Mais personne ne remarqua la désolation de son visage. Alors il s'accouda sur le comptoir et, serrant son front dans ses mains, il murmura: "Mon Dieu, mon Dieu!"

Le patron le considéra: — "Vous êtes malade, monsieur Caravan?" — Il répondit: — "Non, mon pauvre ami; mais ma mère vient de mourir." L'autre lâcha un "Ah!" distrait; et comme un consommateur au fond de l'établissement criait: — "Un bock, s'il vous plaît!" il répondit aussitôt d'une voix terrible: — "Voilà, boum!... on y va", et s'élança pour servir, laissant Caravan stupéfait.

Sur la même table qu'avant dîner, absorbés et immobiles, les trois amateurs de dominos jouaient encore. Caravan s'approcha d'eux, en quête de commisération.[2] Comme aucun ne paraissait le voir, il se décida à parler: — "Depuis tantôt, leur dit-il, il m'est arrivé un grand malheur."

Ils levèrent un peu la tête tous les trois en même temps, mais en gardant l'œil fixe sur le jeu qu'ils tenaient en main. — "Tiens, quoi donc?" — "Ma mère vient de mourir." Un d'eux murmura: — "Ah! diable", avec cet air faussement navré que prennent les indifférents.[3] Un autre, ne trouvant rien à dire, fit entendre, en hochant le front, une sorte de sifflement triste. Le troisième se remit au jeu comme s'il eût pensé: — "Ce n'est que ça."

1 *conscience d'honnête homme:* gentlemanly sense of duty.
2 *en quête de commisération:* cadging for sympathy.
3 *que prennent les indifférents:* assumed by people who don't care.

Caravan attendait un de ces mots qu'on dit "venus du cœur". Se voyant ainsi reçu, il s'éloigna, indigné de leur placidité devant la douleur d'un ami, bien que cette douleur, en ce moment même, fût tellement engourdie qu'il ne la sentait plus guère.

Et il sortit.

Sa femme l'attendait en chemise de nuit, assise sur une chaise basse auprès de la fenêtre ouverte, et pensait toujours à l'héritage.

— Déshabille-toi, dit-elle : nous allons causer quand nous serons au lit.

Il leva la tête, et montrant le plafond de l'œil : — "Mais... là-haut... il n'y a personne." — "Pardon, Rosalie est auprès d'elle, tu iras la remplacer à trois heures du matin, quand tu auras fait un somme."

Il resta néanmoins en caleçon afin d'être prêt à tout événement, noua un foulard autour de son crâne, puis rejoignit sa femme qui venait de se glisser dans les draps.

Ils demeurèrent quelque temps assis côte à côte. Elle songeait.

Sa coiffure, même à cette heure, était agrémentée d'un nœud rose et penchée un peu sur une oreille, comme par suite d'une invincible habitude de tous les bonnets qu'elle portait.

Soudain, tournant la tête vers lui : — "Sais-tu si ta mère a fait un testament?" dit-elle. Il hésita : — "Je... je... ne crois pas... Non, sans doute, elle n'en a pas fait." Mme Caravan regarda son mari dans les yeux, et, d'une voix basse et rageuse : — "C'est une indignité, vois-tu; car enfin voilà dix ans que nous nous décarcassons[1] à la soigner, que nous la logeons, que nous la nourrissons! Ce n'est pas ta sœur qui en aurait fait autant pour elle, ni moi non plus si j'avais su comment j'en serais récompensée! Oui, c'est une honte pour sa mémoire! Tu me diras qu'elle payait pension: c'est vrai; mais les soins de ses enfants ce n'est pas avec de l'argent qu'on les paye: on les reconnaît par testament après la mort. Voilà comment se conduisent les gens honorables. Alors, moi, j'en ai été pour[2] ma peine et pour mes tracas! Ah! c'est du propre! c'est du propre!"[3]

Caravan, éperdu, répétait : — "Ma chérie, ma chérie, je t'en prie, je t'en supplie."

---

1 *nous nous décarcassons* (colloq.): we've been slaving.
2 *j'en ai été pour*. .: I've wasted....
3 *c'est du propre* (colloq.): a fine thing indeed.

A la longue, elle se calma, et revenant au ton de chaque jour, elle reprit: — "Demain matin, il faudra prévenir ta sœur."

Il eut un sursaut: — "C'est vrai, je n'y avais pas pensé; dès le jour j'enverrai une dépêche." Mais elle l'arrêta en femme qui a tout prévu. — "Non, envoie-la seulement de dix à onze, afin que nous ayons le temps de nous retourner avant son arrivée. De Charenton ici elle en a pour deux heures au plus. Nous dirons que tu as perdu la tête. En prévenant dans la matinée, on ne se mettra pas dans la commise!"[1]

Mais Caravan se frappa le front, et, avec l'intonation timide qu'il prenait toujours en parlant de son chef dont la pensée même le faisait trembler: — "Il faut aussi prévenir au ministère", dit-il. Elle répondit: "Pourquoi prévenir? Dans des occasions comme ça, on est toujours excusable d'avoir oublié. Ne préviens pas, crois-moi; ton chef ne pourra rien dire et tu le mettras dans un rude embarras." — "Oh! ça, oui, dit-il, et dans une fameuse colère quand il ne me verra point venir. Oui, tu as raison, c'est une riche idée. Quand je lui annoncerai que ma mère est morte, il sera bien forcé de se taire."

Et l'employé, ravi de la farce, se frottait les mains en songeant à la tête de son chef,[2] tandis qu'au-dessus de lui le corps de la vieille gisait à côté de la bonne endormie.

Mme Caravan devenait soucieuse, comme obsédée par une préoccupation difficile à dire. Enfin elle se décida: — "Ta mère t'avait bien donné sa pendule, n'est-ce pas, la jeune fille au bilboquet?"[3] Il chercha dans sa mémoire et répondit: — "Oui, oui; elle m'a dit (mais il y a longtemps de cela, c'est quand elle est venue ici), elle m'a dit: Ce sera pour toi, la pendule, si tu prends bien soin de moi."

Mme Caravan, tranquillisée, se rasséréna: — "Alors, vois-tu, il faut aller la chercher, parce que, si nous laissons venir ta sœur, elle nous empêchera de la prendre." Il hésitait: — "Tu crois?..." Elle se fâcha: — "Certainement que je le crois; une fois ici, ni vu ni connu:[4] c'est à nous. C'est comme pour la commode de sa

---

1 *on ne se mettra pas dans la commise:* we shan't have done anything illegal.
2 *en songeant à la tête de son chef:* thinking of what his boss would look like.
3 *la jeune fille au bilboquet:* the one with the girl playing at cup and ball.
4 *ni vu ni connu:* no one is any the wiser.

chambre, celle qui a un marbre : elle me l'a donnée, à moi, un jour qu'elle était de bonne humeur. Nous la descendrons en même temps."

Caravan semblait incrédule. — "Mais, ma chère, c'est une grande responsabilité !" Elle se tourna vers lui, furieuse : — "Ah ! vraiment ! Tu ne changeras donc jamais ? Tu laisserais tes enfants mourir de faim, toi, plutôt que de faire un mouvement. Du moment qu'elle me l'a donnée, cette commode, c'est à nous, n'est-ce pas ? Et si ta sœur n'est pas contente, elle me le dira, à moi ? Je m'en moque bien de ta sœur. Allons, lève-toi, que nous apportions tout de suite ce que ta mère nous a donné."

Tremblant et vaincu, il sortit du lit, et, comme il passait sa culotte, elle l'en empêcha : — "Ce n'est pas la peine de t'habiller, va, garde ton caleçon, ça suffit ; j'irai bien comme ça, moi."

Et tous deux, en toilette de nuit, partirent, montèrent l'escalier sans bruit, ouvrirent la porte avec précaution et entrèrent dans la chambre où les quatre bougies allumées autour de l'assiette au buis bénit semblaient seules garder la vieille en son repos rigide ; car Rosalie, étendue dans son fauteuil, les jambes allongées, les mains croisées sur sa jupe, la tête tombée de côté, immobile aussi et la bouche ouverte, dormait en ronflant un peu.

Caravan prit la pendule. C'était un de ces objets grotesques comme en produisit beaucoup l'art impérial. Une jeune fille en bronze doré, la tête ornée de fleurs diverses, tenait à la main un bilboquet dont la boule servait de balancier. — "Donne-moi ça, lui dit sa femme, et prends le marbre de la commode."

Il obéit en soufflant et il percha le marbre sur son épaule avec un effort considérable.

Alors le couple partit. Caravan se baissa sous la porte, se mit à descendre en tremblant l'escalier, tandis que sa femme, marchant à reculons, l'éclairait d'une main, ayant la pendule sous l'autre bras.

Lorsqu'ils furent chez eux, elle poussa un grand soupir. — "Le plus gros est fait, dit-elle ; allons chercher le reste."

Mais les tiroirs du meuble étaient tout pleins des hardes de la vieille. Il fallait bien cacher cela quelque part.

Mme Caravan eut une idée : — "Va donc prendre le coffre à bois en sapin qui est dans le vestibule ; il ne vaut pas quarante sous, on peut bien le mettre ici." Et quand le coffre fut arrivé, on commença le transport.

Ils enlevaient, l'un après l'autre, les manchettes, les collerettes, les chemises, les bonnets, toutes les pauvres nippes de la bonne femme étendue là, derrière eux, et les disposaient méthodiquement dans le coffre à bois de façon à tromper Mme Braux, l'autre enfant de la défunte, qui viendrait le lendemain.

Quand ce fut fini, on descendit d'abord les tiroirs, puis le corps du meuble en le tenant chacun par un bout; et tous deux cherchèrent pendant longtemps à quel endroit il ferait le mieux. On se décida pour la chambre, en face du lit, entre les deux fenêtres.

Une fois la commode en place, Mme Caravan l'emplit de son propre linge. La pendule occupa la cheminée de la salle; et le couple considéra l'effet obtenu. Ils en furent aussitôt enchantés. — "Ça fait très bien", dit-elle. Il répondit: — "Oui, très bien." Alors ils se couchèrent. Elle souffla la bougie; et tout le monde bientôt dormit aux deux étages de la maison.

Il était déjà grand jour lorsque Caravan rouvrit les yeux. Il avait l'esprit confus à son réveil, et il ne se rappela l'événement qu'au bout de quelques minutes. Ce souvenir lui donna un grand coup dans la poitrine; et il sauta du lit, très ému de nouveau, prêt à pleurer.

Il monta bien vite à la chambre au-dessus, où Rosalie dormait encore, dans la même posture que la veille, n'ayant fait qu'un somme de toute la nuit. Il la renvoya à son ouvrage, remplaça les bougies consumées, puis il considéra sa mère en roulant dans son cerveau ces apparences de pensées profondes, ces banalités religieuses et philosophiques qui hantent les intelligences moyennes en face de la mort.

Mais comme sa femme l'appelait, il descendit. Elle avait dressé une liste des choses à faire dans la matinée, et elle lui remit cette nomenclature dont il fut épouvanté.

Il lut: 1º Faire la déclaration à la mairie;
2º Demander le médecin des morts;
3º Commander le cercueil;
4º Passer à l'église;
5º Aux pompes funèbres;
6º A l'imprimerie pour les lettres;
7º Chez le notaire;
8º Au télégraphe pour avertir la famille.

Plus une multitude de petites commissions. Alors il prit son chapeau et s'éloigna.

Or, la nouvelle s'étant répandue, les voisines commençaient à arriver et demandaient à voir la morte.

Chez le coiffeur, au rez-de-chaussée, une scène avait même eu lieu à ce sujet entre la femme et le mari pendant qu'il rasait un client.

La femme, tout en tricotant un bas, murmura : — "Encore une de moins, et une avare, celle-là, comme il n'y en avait pas beaucoup. Je ne l'aimais guère, c'est vrai; il faudra tout de même que j'aille la voir."

Le mari grogna, tout en savonnant le menton du patient : — "En voilà, des fantaisies ! Il n'y a que les femmes pour ça. Ce n'est pas assez de vous embêter pendant la vie, elles ne peuvent seulement pas vous laisser tranquille après la mort." — Mais son épouse, sans se déconcerter, reprit : — "C'est plus fort que moi; faut que j'y aille. Ça me tient depuis ce matin. Si je ne la voyais pas, il me semble que j'y penserais toute ma vie. Mais quand je l'aurai bien regardée pour prendre sa figure, je serai satisfaite après."

L'homme au rasoir haussa les épaules et confia au monsieur dont il grattait la joue : — "Je vous demande un peu quelles idées ça vous a, ces sacrées femelles ! Ce n'est pas moi qui m'amuserais à voir un mort !" — Mais sa femme l'avait entendu, et elle répondit sans se troubler : — "C'est comme ça, c'est comme ça." — Puis, posant son tricot sur le comptoir, elle monta au premier étage.

Deux voisines étaient déjà venues et causaient de l'accident avec Mme Caravan, qui racontait les détails.

On se dirigea vers la chambre mortuaire. Les quatre femmes entrèrent à pas de loup, aspergèrent le drap l'une après l'autre avec l'eau salée, s'agenouillèrent, firent le signe de la croix en marmottant une prière, puis s'étant relevées, les yeux agrandis, la bouche entr'ouverte, considérèrent longuement le cadavre, pendant que la belle-fille de la morte, un mouchoir sur la figure, simulait un hoquet désespéré.

Quand elle se retourna pour sortir, elle aperçut, debout près de la porte, Marie-Louise et Philippe-Auguste, tous deux en chemise, qui regardaient curieusement. Alors, oubliant son chagrin de commande,[1] elle se précipita sur eux, sa main levée, en criant d'une voix rageuse : — "Voulez-vous bien filer, bougres de polissons !"

Étant remontée dix minutes plus tard avec une fournée d'autres voisines, après avoir de nouveau secoué le buis sur sa belle-mère,

1 *son chagrin de commande:* her sham grief.

prié, larmoyé, accompli tous ses devoirs, elle retrouva ses deux enfants revenus ensemble derrière elle. Elle les talocha[1] encore par conscience; mais, la fois suivante, elle n'y prit plus garde; et à chaque retour de visiteurs, les deux mioches suivaient toujours, s'agenouillant aussi dans un coin et répétant invariablement tout ce qu'ils voyaient faire à leur mère.

Au commencement de l'après-midi, la foule des curieuses diminua. Bientôt il ne vint plus personne. Mme Caravan, rentrée chez elle, s'occupait à tout préparer pour la cérémonie funèbre, et la morte resta solitaire.

La fenêtre de la chambre était ouverte. Une chaleur torride entrait avec des bouffées de poussière; les flammes des quatre bougies s'agitaient auprès du corps immobile; et sur le drap, sur la face aux yeux fermés, sur les deux mains allongées, des petites mouches grimpaient, allaient, venaient, se promenaient sans cesse, visitaient la vieille, attendant leur heure prochaine.

Mais Marie-Louise et Philippe-Auguste étaient repartis vagabonder dans l'avenue. Ils furent bientôt entourés de camarades, de petites filles surtout, plus éveillées, flairant plus vite tous les mystères de la vie. Et elles interrogeaient comme les grandes personnes. — "Ta grand'maman est morte?" — "Oui, hier au soir." — "Comment c'est, un mort?" — Et Marie-Louise expliquait, racontait les bougies, le buis, la figure. Alors une grande curiosité s'éveilla chez tous les enfants: et ils demandèrent aussi à monter chez la trépassée.

Aussitôt, Marie-Louise organisa un premier voyage, cinq filles et deux garçons: les plus grands, les plus hardis. Elle les força à retirer leurs souliers pour ne point être découverts; la troupe se faufila dans la maison et monta lestement comme une armée de souris.

Une fois dans la chambre, la fillette, imitant sa mère, régla le cérémonial. Elle guida solennellement ses camarades, s'agenouilla, fit le signe de la croix, remua les lèvres, se releva, aspergea le lit, et pendant que les enfants, en un tas serré, s'approchaient, effrayés, curieux et ravis, pour contempler le visage et les mains elle se mit soudain à simuler des sanglots en se cachant les yeux dans son petit mouchoir. Puis, consolée brusquement en songeant à ceux qui attendaient devant la porte, elle entraîna, en courant, tout son

1 *talocha:* cuffed.

monde pour ramener bientôt un autre groupe, puis un troisième, car tous les galopins du pays, jusqu'aux petits mendiants en loques, accouraient à ce plaisir nouveau; et elle recommençait chaque fois les simagrées maternelles avec une perfection absolue.

A la longue, elle se fatigua. Un autre jeu entraîna les enfants au loin; et la vieille grand'mère demeura seule, oubliée tout à fait, par tout le monde.

L'ombre emplit la chambre, et sur sa figure sèche et ridée la flamme remuante des lumières faisait danser des clartés.

Vers huit heures Caravan monta, ferma la fenêtre et renouvela les bougies. Il entrait maintenant d'une façon tranquille, accoutumé déjà à considérer le cadavre comme s'il était là depuis des mois. Il constata même qu'aucune décomposition n'apparaissait encore, et il en fit la remarque à sa femme au moment où ils se mettaient à table pour dîner. Elle répondit: — "Tiens, elle est en bois; elle se conserverait un an."

On mangea le potage sans prononcer une parole. Les enfants laissés libres tout le jour, exténués de fatigue, sommeillaient sur leurs chaises et tout le monde restait silencieux.

Soudain la clarté de la lampe baissa.

Mme Caravan aussitôt remonta la clef;[1] mais l'appareil rendit un son creux, un bruit de gorge prolongé, et la lumière s'éteignit. On avait oublié d'acheter de l'huile! Aller chez l'épicier retarderait le dîner, on chercha des bougies; mais il n'y en avait plus d'autres que celles allumées en haut sur la table de nuit.

Mme Caravan, prompte en ses décisions, envoya bien vite Marie-Louise en prendre deux; et l'on attendait dans l'obscurité.

On entendait distinctement les pas de la fillette qui montait l'escalier. Il y eut ensuite un silence de quelques secondes; puis l'enfant redescendit précipitamment. Elle ouvrit la porte, effarée, plus émue encore que la veille en annonçant la catastrophe, et elle murmura, suffoquant: — "Oh! papa, grand'maman s'habille!"

Caravan se dressa avec un tel sursaut que sa chaise alla rouler contre le mur. Il balbutia: — "Tu dis?... Qu'est-ce que tu dis là?..."

Mais Marie-Louise, étranglée par l'émotion, répéta: — "Grand'... grand'... grand'maman s'habille... elle va descendre."

1 *remonta la clef:* turned up the wick.

Il s'élança dans l'escalier follement, suivi de sa femme abasourdie : mais devant la porte du second il s'arrêta, secoué par l'épouvante, n'osant pas entrer. Qu'allait-il voir ? — Mme Caravan, plus hardie, tourna la serrure et pénétra dans la chambre.

La pièce semblait devenue plus sombre ; et, au milieu, une grande forme maigre remuait. Elle était debout, la vieille ; et en s'éveillant du sommeil léthargique, avant même que la connaissance lui fût en plein revenue, se tournant de côté et se soulevant sur un coude, elle avait soufflé trois des bougies qui brûlaient près du lit mortuaire. Puis, reprenant des forces, elle s'était levée pour chercher ses hardes. Sa commode partie l'avait troublée d'abord, mais peu à peu elle avait retrouvé ses affaires tout au fond du coffre à bois et s'était tranquillement habillée. Ayant ensuite vidé l'assiette remplie d'eau, replacé le buis derrière la glace et remis les chaises à leur place, elle était prête à descendre quand apparurent devant elle son fils et sa belle-fille.

Caravan se précipita, lui saisit les mains, l'embrassa, les larmes aux yeux ; tandis que sa femme, derrière lui, répétait d'un air hypocrite : — "Quel bonheur, oh ! quel bonheur !"

Mais la vieille, sans s'attendrir, sans même avoir l'air de comprendre, raide comme une statue, et l'œil glacé, demanda seulement : — "Le dîner est-il bientôt prêt ?" — Il balbutia, perdant la tête : — "Mais oui, maman, nous t'attendions." — Et, avec un empressement inaccoutumé, il prit son bras, pendant que Mme Caravan la jeune saisissait la bougie, les éclairait, descendant l'escalier devant eux, à reculons et marche à marche, comme elle avait fait, la nuit même, devant son mari qui portait le marbre.

En arrivant au premier étage, elle faillit se heurter contre des gens qui montaient. C'était la famille de Charenton, Mme Braux suivie de son époux.

La femme, grande, grosse, avec un ventre d'hydropique qui rejetait le torse en arrière, ouvrait des yeux effarés, prête à fuir. Le mari, un cordonnier socialiste, petit homme poilu jusqu'au nez, tout pareil à un singe, murmura sans s'émouvoir : — "Eh bien, quoi ? Elle ressuscite !"

Aussitôt que Mme Caravan les eut reconnus, elle leur fit des signes désespérés ; puis, tout haut : — "Tiens ! comment !... vous voilà ! Quelle bonne surprise !"

Mais Mme Braux, abasourdie, ne comprenait pas ; elle répondit à demi-voix : — "C'est votre dépêche qui nous a fait venir ; nous croyions que c'était fini."

Son mari, derrière elle, la pinçait pour la faire taire.

Il ajouta avec un rire malin caché dans sa barbe épaisse : — "C'est bien aimable à vous de nous avoir invités. Nous sommes venus tout de suite," — faisant allusion ainsi à l'hostilité qui régnait depuis longtemps entre les deux ménages. Puis, comme la vieille arrivait aux dernières marches, il s'avança vivement et frotta contre ses joues le poil qui lui couvrait la face, et criant dans son oreille à cause de sa surdité : — "Ça va bien, la mère, toujours solide, hein ? "

Mme Braux, dans sa stupeur de voir bien vivante celle qu'elle s'attendait à retrouver morte, n'osait pas même l'embrasser ; et son ventre énorme encombrait tout le palier, empêchant les autres d'avancer.

La vieille, inquiète et soupçonneuse, mais sans parler jamais, regardait tout ce monde autour d'elle ; et son petit œil gris, scrutateur et dur, se fixait tantôt sur l'un, tantôt sur l'autre, plein de pensées visibles qui gênaient ses enfants.

Caravan dit, pour expliquer : — "Elle a été un peu souffrante, mais elle va bien maintenant, tout à fait bien, n'est-ce pas, mère ? "

Alors la bonne femme, se remettant en marche, répondit de sa voix cassée, comme lointaine : — "C'est une syncope ; je vous entendais tout le temps."

Un silence embarrassé suivit. On pénétra dans la salle ; puis on s'assit devant un dîner improvisé en quelques minutes.

Seul, M. Braux avait gardé son aplomb. Sa figure de gorille méchant grimaçait ; et il lâchait des mots à double sens qui gênaient visiblement tout le monde.

Mais à chaque instant le timbre du vestibule sonnait ; et Rosalie éperdue venait chercher Caravan qui s'élançait en jetant sa serviette. Son beau-frère lui demanda même si c'était son jour de réception. Il balbutia : — "Non, des commissions, rien du tout."

Puis, comme on apportait un paquet, il l'ouvrit étourdiment, et des lettres de faire-part, encadrées de noir, apparurent. Alors, rougissant jusqu'aux yeux, il referma l'enveloppe et l'engloutit dans son gilet.

Sa mère ne l'avait pas vu ; elle regardait obstinément sa pendule dont le bilboquet doré se balançait sur la cheminée. Et l'embarras grandissait au milieu d'un silence glacial.

Alors la vieille, tournant vers sa fille sa face ridée de sorcière,
eut dans les yeux un frisson de malice et prononça : — "Lundi, tu
m'amèneras la petite, je veux la voir." — Mme Braux, la figure
illuminée, cria : — "Oui, maman," — tandis que Mme Caravan
la jeune, devenue pâle, défaillait d'angoisse.

Cependant, les deux hommes, peu à peu, se mirent à causer ; et
ils entamèrent, à propos de rien, une discussion politique. Braux,
soutenant les doctrines révolutionnaires et communistes, se dé-
menait, les yeux allumés dans son visage poilu, criant : — "La pro-
priété, monsieur, c'est un vol au travailleur ; — la terre appartient
à tout le monde ; — l'héritage est une infamie et une honte !..."
— Mais il s'arrêta brusquement, confus comme un homme qui
vient de dire une sottise ; puis d'un ton plus doux, il ajouta : —
"Mais ce n'est pas le moment de discuter ces choses-là."

La porte s'ouvrit ; le *docteur* Chenet parut. Il eut une seconde
d'effarement, puis il reprit contenance, et s'approchant de la vieille
femme : — "Ah ! ah ! la maman, ça va bien aujourd'hui. Oh ! je
m'en doutais,[1] voyez-vous : et je me disais à moi-même tout à
l'heure, en montant l'escalier : je parie qu'elle sera debout, l'ancienne." — Et lui tapant doucement dans le dos : — "Elle est
solide comme le Pont-Neuf ; elle nous enterrera tous, vous verrez."

Il s'assit, acceptant le café qu'on lui offrait, et se mêla bientôt
à la conversation des deux hommes, approuvant Braux, car il avait
été lui-même compromis dans la Commune.

Or, la vieille, se sentant fatiguée, voulut partir. Caravan se
précipita. Alors elle le fixa dans les yeux et lui dit : — "Toi, tu
vas me remonter tout de suite ma commode et ma pendule." Puis,
comme il bégayait : — "Oui, maman," elle prit le bras de sa fille
et disparut avec elle.

Les deux Caravan demeurèrent effarés, muets, effondrés dans
un affreux désastre, tandis que Braux se frottait les mains en
sirotant son café.

Soudain Mme Caravan, affolée de colère, s'élança sur lui, hurlant : — "Vous êtes un voleur, un gredin, une canaille... Je vous
crache à la figure, je vous... je vous..." Elle ne trouvait rien,
suffoquant ; mais, lui, riait, buvant toujours.

Puis, comme sa femme revenait justement, elle s'élança vers sa
belle-sœur ; et toutes deux, l'une énorme avec son ventre mena-

1 *je m'en doutais:* I thought as much.

çant, l'autre épileptique et maigre, la voix changée, la main
tremblante, s'envoyèrent à pleine gueule des hottées[1] d'injures.

Chenet et Braux s'interposèrent, et ce dernier, poussant sa
moitié par les épaules, la jeta dehors en criant:

— "Va donc bourrique, tu brais trop!"

Et on les entendit dans la rue qui se chamaillaient en s'éloignant.

M. Chenet prit congé.

Les Caravan restèrent face à face.

Alors l'homme tomba sur une chaise avec une sueur froide
aux tempes, et murmura: — "Qu'est-ce que je vais dire à mon
chef?"

SUR L'EAU

J'avais loué, l'été dernier, une petite maison de campagne au
bord de la Seine, à plusieurs lieues de Paris, et j'allais y coucher
tous les soirs. Je fis, au bout de quelques jours, la connaissance
d'un de mes voisins, un homme de trente à quarante ans, qui était
bien le type le plus curieux que j'eusse jamais vu. C'était un vieux
canotier, mais un canotier enragé, toujours près de l'eau, toujours
sur l'eau, toujours dans l'eau. Il devait être né dans un canot, et
il mourra bien certainement dans le canotage final.

Un soir que nous nous promenions au bord de la Seine, je lui
demandai de me raconter quelques anecdotes de sa vie nautique.
Voilà immédiatement mon bonhomme qui s'anime, se transfigure,
devient éloquent, presque poète. Il avait dans le cœur une grande
passion, une passion dévorante, irrésistible: la rivière.

— Ah! me dit-il, combien j'ai de souvenirs sur cette rivière que
vous voyez couler là près de nous! Vous autres, habitants des rues,
vous ne savez pas ce qu'est la rivière. Mais écoutez un pêcheur
prononcer ce mot. Pour lui, c'est la chose mystérieuse, profonde,
inconnue, le pays des mirages et des fantasmagories, où l'on voit,
la nuit, des choses qui ne sont pas, où l'on entend des bruits
que l'on ne connaît point, où l'on tremble sans savoir pourquoi,

---

1 *hottées:* Literally: "basketfuls". Translate: "hurled insults at each
other".

comme en traversant un cimetière : et c'est en effet le plus sinistre des cimetières, celui où l'on n'a point de tombeau.

La terre est bornée pour le pêcheur, et dans l'ombre, quand il n'y a pas de lune, la rivière est illimitée. Un marin n'éprouve point la même chose pour la mer. Elle est souvent dure et méchante, c'est vrai, mais elle crie, elle hurle, elle est loyale, la grande mer; tandis que la rivière est silencieuse et perfide. Elle ne gronde pas, elle coule toujours sans bruit, et ce mouvement éternel de l'eau qui coule est plus effrayant pour moi que les hautes vagues de l'Océan.

Des rêveurs prétendent que la mer cache dans son sein d'immenses pays bleuâtres, où les noyés roulent parmi les grands poissons, au milieu d'étranges forêts et dans des grottes de cristal. La rivière n'a que des profondeurs noires où l'on pourrit dans la vase. Elle est belle pourtant quand elle brille au soleil levant et qu'elle clapote doucement entre ses berges couvertes de roseaux qui murmurent.

Le poète a dit en parlant de l'Océan :

> O flots, que vous avez de lugubres histoires !
> Flots profonds, redoutés des mères à genoux,
> Vous vous les racontez en montant les marées
> Et c'est ce qui vous fait ces voix désespérées
> Que vous avez, le soir, quand vous venez vers nous.

Eh bien, je crois que les histoires chuchotées par les roseaux minces avec leurs petites voix si douces doivent être encore plus sinistres que les drames lugubres racontés par les hurlements des vagues.

Mais puisque vous me demandez quelques-uns de mes souvenirs, je vais vous dire une singulière aventure qui m'est arrivée ici, il y a une dizaine d'années.

J'habitais, comme aujourd'hui, la maison de la mère Lafon, et un de mes meilleurs camarades, Louis Bernet, qui a maintenant renoncé au canotage, à ses pompes et à son débraillé, pour entrer au Conseil d'État, était installé au village de C..., deux lieues plus bas. Nous dînions tous les jours ensemble, tantôt chez lui, tantôt chez moi.

Un soir, comme je revenais tout seul, et assez fatigué, traînant péniblement mon gros bateau, un *océan*[1] de douze pieds, dont je me servais toujours la nuit, je m'arrêtai quelques secondes pour reprendre haleine auprès de la pointe des roseaux, là-bas, deux cents mètres environ avant le pont du chemin de fer. Il faisait un temps magnifique; la lune resplendissait, le fleuve brillait, l'air était calme et doux. Cette tranquillité me tenta; je me dis qu'il ferait bien bon fumer une pipe en cet endroit. L'action suivit la pensée; je saisis mon ancre et la jetai dans la rivière.

Le canot, qui redescendait avec le courant, fila sa chaîne,[2] jusqu'au bout, puis s'arrêta; et je m'assis à l'arrière sur ma peau de mouton, aussi commodément qu'il me fut possible. On n'entendait rien, rien: parfois seulement, je croyais saisir un petit clapotement presque insensible de l'eau contre la rive, et j'apercevais des groupes de roseaux plus élevés qui prenaient des figures surprenantes et semblaient par moments s'agiter.

Le fleuve était parfaitement tranquille, mais je me sentis ému par le silence extraordinaire qui m'entourait. Toutes les bêtes, grenouilles et crapauds, ces chanteurs nocturnes des marécages, se taisaient. Soudain, à ma droite, contre moi, une grenouille coassa. Je tressaillis: elle se tut; je n'entendis plus rien, et je résolus de fumer un peu pour me distraire. Cependant, quoique je fusse un culotteur de pipes renommé,[3] je ne pus pas; dès la seconde bouffée, le cœur me tourna et je cessai. Je me mis à chantonner, le son de ma voix m'était pénible; alors, je m'étendis au fond du bateau et je regardai le ciel. Pendant quelque temps, je demeurai tranquille, mais bientôt les légers mouvements de la barque m'inquiétèrent. Il me sembla qu'elle faisait des embardées gigantesques,[4] touchant tour à tour les deux berges du fleuve; puis je crus qu'un être ou qu'une force invisible l'attirait doucement au fond de l'eau et la soulevait ensuite pour la laisser retomber. J'étais ballotté comme au milieu d'une tempête; j'entendis des bruits autour de moi; je me dressai d'un bond: l'eau brillait, tout était calme.

Je compris que j'avais les nerfs un peu ébranlés et je résolus de m'en aller. Je tirai sur ma chaîne; le canot se mit en mouvement,

1 *océan:* A small pleasure boat very popular in France between 1880 and 1900. It was used only on rivers and was fitted to take a sail.
2 *fila sa chaîne:* spun out or paid out its chain.
3 *culotteur de pipes renommé:* Literally: a famous seasoner of pipes. Translate: "a hardened smoker".
4 *faisait des embardées gigantesques:* yawed violently.

puis je sentis une résistance; je tirai plus fort, l'ancre ne vint pas;
elle avait accroché quelque chose au fond de l'eau et je ne pouvais
la soulever; je recommençai à tirer, mais inutilement.

Alors, avec mes avirons, je fis tourner mon bateau et je le portai
en amont[1] pour changer la position de l'ancre. Ce fut en vain, elle
tenait toujours; je fus pris de colère et je secouai la chaîne rageusement. Rien ne remua. Je m'assis découragé et je me mis à réfléchir
sur ma position. Je ne pouvais songer à casser cette chaîne ni à la
séparer de l'embarcation, car elle était énorme et rivée à l'avant
dans un morceau de bois plus gros que mon bras; mais comme le
temps demeurait fort beau, je pensai que je ne tarderais point, sans
doute, à rencontrer quelque pêcheur qui viendrait à mon secours.
Ma mésaventure m'avait calmé; je m'assis et je pus enfin fumer
ma pipe. Je possédais une bouteille de rhum, j'en bus deux ou
trois verres, et ma situation me fit rire. Il faisait très chaud, de
sorte qu'à la rigueur, je pouvais, sans grand mal, passer la nuit à
la belle étoile.

Soudain, un petit coup sonna contre mon bordage.[2] Je fis un
soubresaut, et une sueur froide me glaça des pieds à la tête. Ce
bruit venait sans doute de quelque bout de bois entraîné par le
courant, mais cela avait suffi et je me sentis envahi de nouveau
par une étrange agitation nerveuse. Je saisis ma chaîne et je me
raidis dans un effort désespéré. L'ancre tint bon. Je me rassis
épuisé.

Cependant, la rivière s'était peu à peu couverte d'un brouillard
blanc très épais qui rampait sur l'eau fort bas, de sorte que, en me
dressant debout, je ne voyais plus le fleuve, ni mes pieds, ni mon
bateau, mais j'apercevais seulement les pointes des roseaux, puis,
plus loin, la plaine toute pâle de la lumière de la lune, avec des
grandes taches noires qui montaient dans le ciel, formées par des
groupes de peupliers d'Italie.[3] J'étais comme enseveli jusqu'à la
ceinture dans une nappe de coton d'une blancheur singulière, et
il me venait des imaginations fantastiques. Je me figurais qu'on
essayait de monter dans ma barque que je ne pouvais plus distinguer, et que la rivière, cachée par ce brouillard opaque, devait
être pleine d'êtres étranges qui nageaient autour de moi. J'éprou-
vais un malaise horrible, j'avais les tempes serrées, mon cœur

1 *en amont:* upstream.   2 *bordage:* planking.
3 *peupliers d'Italie:* Lombardy poplars.

battait à m'étouffer, et, perdant la tête, je pensai à me sauver à la nage; puis aussitôt cette idée me fit frissonner d'épouvante. Je me vis, perdu, allant à l'aventure[1] dans cette brume épaisse, me débattant au milieu des herbes et des roseaux que je ne pourrais éviter, râlant de peur, ne voyant pas la berge, ne retrouvant plus mon bateau, et il me semblait que je me sentirais tiré par les pieds tout au fond de cette eau noire.

En effet, comme il m'eût fallu remonter le courant au moins pendant cinq cents mètres avant de trouver un point libre d'herbes et de joncs où je pusse prendre pied, il y avait pour moi neuf chances sur dix de ne pouvoir me diriger dans ce brouillard et de me noyer, quelque bon nageur[2] que je fusse.

J'essayais de me raisonner.[3] Je me sentais la volonté bien ferme de ne point avoir peur, mais il y avait en moi autre chose que ma volonté, et cette autre chose avait peur. Je me demandai ce que je pouvais redouter; mon *moi* brave railla mon *moi* poltron, et jamais aussi bien que ce jour-là je ne saisis l'opposition des deux êtres qui sont en nous, l'un voulant, l'autre résistant, et chacun l'emportant tour à tour.

Cet effroi bête et inexplicable grandissait toujours et devenait de la terreur. Je demeurais immobile, les yeux ouverts, l'oreille tendue et attendant. Quoi? Je n'en savais rien, mais ce devait être terrible. Je crois que si un poisson se fût avisé de sauter hors de l'eau, comme cela arrive souvent, il n'en aurait pas fallu davantage pour me faire tomber raide, sans connaissance.

Cependant, par un effort violent, je finis par ressaisir à peu près ma raison qui m'échappait. Je pris à nouveau ma bouteille de rhum et je bus à grands traits. Alors une idée me vint et je me mis à crier de toutes mes forces en me tournant successivement vers les quatre points de l'horizon. Lorsque mon gosier fut absolument paralysé, j'écoutai. — Un chien hurlait, très loin.

Je bus encore et je m'étendis tout de mon long au fond du bateau. Je restai ainsi peut-être une heure, peut-être deux, sans dormir, les yeux ouverts, avec des cauchemars autour de moi. Je n'osais pas me lever et pourtant je le désirais violemment; je remettais de minute en minute. Je me disais: — "Allons, debout!"

1 *à l'aventure:* at random.
2 *quelque bon nageur.... :* however good a swimmer....
3 *me raissonner:* reason with myself.

et j'avais peur de faire un mouvement. A la fin, je me soulevai avec des précautions infinies, comme si ma vie eût dépendu du moindre bruit que j'aurais fait, et je regardai par-dessus le bord.

Je fus ébloui par le plus merveilleux, le plus étonnant spectacle qu'il soit possible de voir. C'était une de ces fantasmagories du pays des fées, une de ces visions racontées par les voyageurs qui reviennent de très loin et que nous écoutons sans les croire.

Le brouillard qui, deux heures auparavant, flottait sur l'eau, s'était peu à peu retiré et ramassé sur les rives. Laissant le fleuve absolument libre, il avait formé sur chaque berge une colline ininterrompue, haute de six ou sept mètres, qui brillait sous la lune avec l'éclat superbe des neiges. De sorte qu'on ne voyait rien autre chose que cette rivière lamée de feu[1] entre ces deux montagnes blanches; et là-haut, sur ma tête, s'étalait, pleine et large, une grande lune illuminante au milieu d'un ciel bleuâtre et laiteux.

Toutes les bêtes de l'eau s'étaient réveillées; les grenouilles coassaient furieusement, tandis que, d'instant en instant, tantôt à droite, tantôt à gauche, j'entendais cette note courte, monotone et lente, que jette aux étoiles la voix cuivrée des crapauds. Chose étrange, je n'avais plus peur; j'étais au milieu d'un paysage tellement extraordinaire que les singularités les plus fortes n'eussent pu m'étonner.

Combien de temps cela dura-t-il, je n'en sais rien, car j'avais fini par m'assoupir. Quand je rouvris les yeux, la lune était couchée, le ciel plein de nuages. L'eau clapotait lugubrement, le vent soufflait, il faisait froid, l'obscurité était profonde.

Je bus ce qui me restait de rhum, puis j'écoutai en grelottant ce froissement des roseaux et le bruit sinistre de la rivière. Je cherchai à voir, mais je ne pus distinguer mon bateau, ni mes mains elles-mêmes, que j'approchai de mes yeux.

Peu à peu, cependant, l'épaisseur du noir diminua. Soudain je crus sentir qu'une ombre glissait tout près de moi; je poussai un cri, une voix répondit; c'était un pêcheur. Je l'appelai, il s'approcha et je lui racontai ma mésaventure. Il mit alors son bateau bord à bord avec le mien, et tous les deux nous tirâmes sur la chaîne. L'ancre ne remua pas. Le jour venait, sombre, gris, pluvieux, glacial, une de ces journées qui vous apportent des tris-

1 *lamée de feu:* spangled with fire.

tesses et des malheurs. J'aperçus une autre barque, nous la
hélâmes. L'homme qui la montait unit ses efforts aux nôtres ; alors,
peu à peu, l'ancre céda. Elle montait, mais doucement, doucement,
et chargée d'un poids considérable. Enfin, nous aperçûmes une
masse noire, et nous la tirâmes à mon bord :

   C'était le cadavre d'une vieille femme qui avait une grosse pierre
au cou.

1883

LA PEUR

On remonta sur le pont après dîner. Devant nous, la Méditerranée n'avait pas un frisson sur toute sa surface qu'une grande lune calme moirait. Le vaste bateau glissait, jetant sur le ciel, qui semblait ensemencé d'étoiles, un gros serpent de fumée noire : et, derrière nous, l'eau toute blanche, agitée par le passage rapide du lourd bâtiment, battue par l'hélice, moussait, semblait se tordre, remuait tant de clartés qu'on eût dit de la lumière de lune bouillonnant.

Nous étions là, six ou huit, silencieux, admirant, l'œil tourné vers l'Afrique lointaine où nous allions. Le commandant, qui fumait un cigare au milieu de nous, reprit soudain la conversation du dîner.

— Oui, j'ai eu peur ce jour-là. Mon navire est resté six heures avec ce rocher dans le ventre, battu par la mer. Heureusement que nous avons été recueillis, vers le soir, par un charbonnier anglais[1] qui nous aperçut.

Alors un grand homme à figure brûlée, à l'aspect grave, un de ces hommes qu'on sent avoir traversé de longs pays inconnus, au milieu de dangers incessants, et dont l'œil tranquille semble garder, dans sa profondeur, quelque chose des paysages étranges qu'il a vus ; un de ces hommes qu'on devine trempés dans le courage,[2] parla pour la première fois :

— Vous dites, commandant, que vous avez eu peur ; je n'en crois rien. Vous vous trompez sur le mot et sur la sensation que vous avez éprouvée. Un homme énergique n'a jamais peur en face du danger pressant. Il est ému, agité, anxieux ; mais la peur, c'est autre chose.

Le commandant reprit en riant :

— Fichtre ! je vous réponds bien que j'ai eu peur, moi.

Alors l'homme au teint bronzé prononça d'une voix lente :

— Permettez-moi de m'expliquer ! La peur (et les hommes les

1 *charbonnier anglais :* English collier.
2 *trempés dans le courage :* of fine mettle

plus hardis peuvent avoir peur), c'est quelque chose d'effroyable,
une sensation atroce, comme une décomposition de l'âme, un
spasme affreux de la pensée et du cœur, dont le souvenir seul donne
des frissons d'angoisse. Mais cela n'a lieu, quand on est brave, ni
devant une attaque, ni devant la mort inévitable, ni devant toutes
les formes connues du péril : cela a lieu dans certaines circonstances
anormales, sous certaines influences mystérieuses en face de risques
vagues. La vraie peur, c'est quelque chose comme une réminis-
cence des terreurs fantastiques d'autrefois. Un homme qui croit
aux revenants, et qui s'imagine apercevoir un spectre dans la nuit,
doit éprouver la peur en toute son épouvantable horreur.

Moi, j'ai deviné la peur en plein jour, il y a dix ans environ. Je
l'ai ressentie, l'hiver dernier, par une nuit de décembre.

Et, pourtant, j'ai traversé bien des hasards, bien des aventures
qui semblaient mortelles. Je me suis battu souvent. J'ai été laissé
pour mort par des voleurs. J'ai été condamné, comme insurgé, à
être pendu, en Amérique, et jeté à la mer du pont d'un bâtiment sur
les côtes de Chine. Chaque fois je me suis cru perdu, j'en ai pris immédiatement mon parti,[1] sans attendrissement et même sans regrets.

Mais la peur, ce n'est pas cela.

Je l'ai pressentie en Afrique. Et pourtant elle est fille du Nord ;
le soleil la dissipe comme un brouillard. Remarquez bien ceci,
Messieurs. Chez les Orientaux, la vie ne compte pour rien ; on est
résigné tout de suite ; les nuits sont claires et vides des inquiétudes
sombres qui hantent les cerveaux dans les pays froids. En Orient,
on peut connaître la panique, on ignore la peur.

Eh bien ! voici ce qui m'est arrivé sur cette terre d'Afrique :

Je traversais les grandes dunes au sud de Ouargla. C'est là un
des plus étranges pays du monde. Vous connaissez le sable uni, le
sable droit des interminables plages de l'Océan. Eh bien ! figurez-
vous l'Océan lui-même devenu sable au milieu d'un ouragan ;
imaginez une tempête silencieuse de vagues immobiles en poussière jaune. Elles sont hautes comme des montagnes, ces vagues
inégales, différentes, soulevées tout à fait comme des flots déchaînés,[2] mais plus grandes encore, et striées comme de la moire.[3]

---

1 *j'en ai pris immédiatement mon parti:* I immediately made the best
of it; reconciled myself to it.
2 *des flots déchaînés:* angry waves.
3 *striées comme de la moire:* str ɪked like watered silk.

Sur cette mer furieuse, muette et sans mouvement, le dévorant soleil du sud verse sa flamme implacable et directe. Il faut gravir ces lames de cendre d'or, redescendre, gravir encore, gravir sans cesse, sans repos et sans ombre. Les chevaux râlent, enfoncent jusqu'aux genoux, et glissent en dévalant[1] l'autre versant des surprenantes collines.

Nous étions deux amis suivis de huit spahis et de quatre chameaux avec leurs chameliers. Nous ne parlions plus, accablés de chaleur, de fatigue, et desséchés de soif comme ce désert ardent. Soudain un de nos hommes poussa une sorte de cri; tous s'arrêtèrent; et nous demeurâmes immobiles, surpris par un inexplicable phénomène, connu des voyageurs en ces contrées perdues.

Quelque part, près de nous, dans une direction indéterminée un tambour battait, le mystérieux tambour des dunes; il battait distinctement, tantôt plus vibrant, tantôt affaibli, arrêtant, puis reprenant son roulement fantastique.

Les Arabes, épouvantés, se regardaient; et l'un dit, en sa langue: "La mort est sur nous." Et voilà que tout à coup mon compagnon, mon ami, presque mon frère, tomba de cheval, la tête en avant, foudroyé par une insolation.[2]

Et pendant deux heures, pendant que j'essayais en vain de le sauver, toujours ce tambour insaisissable m'emplissait l'oreille de son bruit monotone, intermittent et incompréhensible; et je sentais se glisser dans mes os la peur, la vraie peur, la hideuse peur, en face de ce cadavre aimé, dans ce trou incendié par le soleil entre quatre monts de sable, tandis que l'écho inconnu nous jetait, à deux cents lieues de tout village français, le battement rapide du tambour.

Ce jour-là, je compris ce que c'était que d'avoir peur; je l'ai su mieux encore une autre fois...

Le commandant interrompit le conteur:

— Pardon, Monsieur, mais ce tambour? Qu'était-ce?

Le voyageur répondit:

— Je n'en sais rien. Personne ne sait. Les officiers, surpris souvent par ce bruit singulier, l'attribuent généralement à l'écho grossi, multiplié, démesurément enflé par les vallonnements des dunes, d'une grêle de grains de sable emportés dans le vent et

---

1 *glissent en dévalant:* slither down.   2 *insolation:* sunstroke.

heurtant une touffe d'herbes sèches; car on a toujours remarqué que ce phénomène se produit dans le voisinage de petites plantes brûlées par le soleil, et dures comme du parchemin.

Ce tambour ne serait donc qu'une sorte de mirage du son. Voilà tout. Mais je n'appris cela que plus tard.

J'arrive à ma seconde émotion.

C'était l'hiver dernier, dans une forêt du nord-est de la France. La nuit vint deux heures plus tôt, tant le ciel était sombre. J'avais pour guide un paysan qui marchait à mon côté, par un tout petit chemin, sous une voûte de sapins dont le vent déchaîné tirait des hurlements. Entre les cimes, je voyais courir des nuages en déroute, des nuages éperdus qui semblaient fuir devant une épouvante. Parfois, sous une immense rafale, toute la forêt s'inclinait dans le même sens[1] avec un gémissement de souffrance; et le froid m'envahissait, malgré mon pas rapide et mon lourd vêtement.

Nous devions souper et coucher chez un garde forestier dont la maison n'était plus éloignée de nous. J'allais là pour chasser.

Mon guide, parfois, levait les yeux et murmurait: "Triste temps!" Puis il me parla des gens chez qui nous arrivions. Le père avait tué un braconnier deux ans auparavant, et, depuis ce temps, il semblait sombre, comme hanté d'un souvenir. Ses deux fils, mariés, vivaient avec lui.

Les ténèbres étaient profondes. Je ne voyais rien devant moi, ni autour de moi, et toute la branchure des arbres entre-choqués emplissait la nuit d'une rumeur incessante. Enfin, j'aperçus une lumière, et bientôt mon compagnon heurtait une porte. Des cris aigus de femmes nous répondirent. Puis, une voix d'homme, une voix étranglée, demanda: "Qui va là?" Mon guide se nomma. Nous entrâmes. Ce fut un inoubliable tableau.

Un vieux homme à cheveux blancs, à l'œil fou, le fusil chargé dans la main, nous attendait debout au milieu de la cuisine, tandis que deux grands gaillards, armés de haches, gardaient la porte. Je distinguai dans les coins sombres deux femmes à genoux, le visage caché contre le mur.

On s'expliqua. Le vieux remit son arme contre le mur et ordonna de préparer ma chambre; puis, comme les femmes ne bougeaient point, il me dit brusquement:

— Voyez-vous, Monsieur, j'ai tué un homme, voilà deux ans,

1 *dans le même sens:* in the same direction.

cette nuit. L'autre année, il est revenu m'appeler. Je l'attends
encore ce soir.

Puis il ajouta d'un ton qui me fit sourire:

— Aussi, nous ne sommes pas tranquilles.

Je le rassurai comme je pus, heureux d'être venu justement ce
soir-là, et d'assister au spectacle de cette terreur superstitieuse. Je
racontai des histoires, et je parvins à calmer à peu près tout le
monde.

Près du foyer, un vieux chien, presque aveugle et moustachu,
un de ces chiens qui ressemblent à des gens qu'on connaît, dormait
le nez dans ses pattes.

Au dehors, la tempête acharnée battait la petite maison, et, par
un étroit carreau, une sorte de judas[1] placé près de la porte, je
voyais soudain tout un fouillis d'arbres bousculés par le vent à la
lueur de grands éclairs.

Malgré mes efforts, je sentais bien qu'une terreur profonde
tenait ces gens, et chaque fois que je cessais de parler, toutes les
oreilles écoutaient au loin. Las d'assister à ces craintes imbéciles,
j'allais demander à me coucher, quand le vieux garde tout à coup
fit un bond de sa chaise, saisit de nouveau son fusil, en bégayant
d'une voix égarée: "Le voilà! le voilà! Je l'entends!" Les deux
femmes retombèrent à genoux dans leurs coins en se cachant le
visage; et les fils reprirent leurs haches. J'allais tenter encore de
les apaiser, quand le chien endormi s'éveilla brusquement et,
levant sa tête, tendant le cou, regardant vers le feu de son œil
presque éteint, il poussa un de ces lugubres hurlements qui font
tressaillir les voyageurs, le soir, dans la campagne. Tous les yeux
se portèrent sur lui, il restait maintenant immobile, dressé sur ses
pattes comme hanté d'une vision, et il se remit à hurler vers quelque
chose d'invisible, d'inconnu, d'affreux sans doute, car tout son poil
se hérissait. Le garde, livide, cria: "Il le sent! il le sent! il était là
quand je l'ai tué." Et les deux femmes égarées se mirent, toutes
les deux, à hurler avec le chien.

Malgré moi, un grand frisson me courut entre les épaules. Cette
vision de l'animal dans ce lieu, à cette heure, au milieu de ces gens
éperdus, était effrayante à voir.

Alors, pendant une heure, le chien hurla sans bouger; il hurla
comme dans l'angoisse d'un rêve; et la peur, l'épouvantable peur

[1] *judas:* peep-hole.

entrait en moi; la peur de quoi? Le sais-je? C'était la peur, voilà tout.

Nous restions immobiles, livides, dans l'attente d'un événement affreux, l'oreille tendue, le cœur battant, bouleversés au moindre bruit. Et le chien se mit à tourner autour de la pièce, en sentant les murs et gémissant toujours. Cette bête nous rendait fous! Alors, le paysan qui m'avait amené, se jeta sur elle, dans une sorte de paroxysme de terreur furieuse, et, ouvrant une porte donnant sur une petite cour, jeta l'animal dehors.

Il se tut aussitôt; et nous restâmes plongés dans un silence plus terrifiant encore. Et soudain tous ensemble, nous eûmes une sorte de sursaut: un être glissait contre le mur du dehors vers la forêt; puis il passa contre la porte, qu'il sembla tâter, d'une main hésitante; puis on n'entendit plus rien pendant deux minutes qui firent de nous des insensés; puis il revint, frôlant toujours la muraille; et il gratta légèrement, comme ferait un enfant avec son ongle; puis soudain une tête apparut contre la vitre du judas, une tête blanche avec des yeux lumineux comme ceux des fauves. Et un son sortit de sa bouche, un son indistinct, un murmure plaintif.

Alors un bruit formidable éclata dans la cuisine. Le vieux garde avait tiré. Et aussitôt les fils se précipitèrent, bouchèrent le judas en dressant la grande table qu'ils assujettirent avec le buffet.

Et je vous jure qu'au fracas du coup de fusil que je n'attendais point, j'eus une telle angoisse du cœur, de l'âme et du corps, que je me sentis défaillir, prêt à mourir de peur.

Nous restâmes là jusqu'à l'aurore, incapables de bouger, de dire un mot, crispés dans un affolement indicible.

On n'osa débarricader la sortie qu'en apercevant, par la fente d'un auvent, un mince rayon de jour.

Au pied du mur, contre la porte, le vieux chien gisait, la gueule brisée d'une balle.

Il était sorti de la cour en creusant un trou sous une palissade.

L'homme au visage brun se tut; puis il ajouta:

— Cette nuit-là pourtant, je ne courus aucun danger; mais j'aimerais mieux recommencer toutes les heures où j'ai affronté les plus terribles périls, que la seule minute du coup de fusil sur la tête barbue[1] du judas.

1 *la tête barbue:* bearded face.

A CHEVAL

Les pauvres gens vivaient péniblement des petits appointements du mari. Deux enfants étaient nés depuis leur mariage, et la gêne première[1] était devenue une de ces misères humbles, voilées, honteuses, une misère de famille noble qui veut tenir son rang quand même.

Hector de Gribelin avait été élevé en province, dans le manoir paternel, par un vieil abbé précepteur. On n'était pas riche, mais on vivotait[2] en gardant les apparences.

Puis, à vingt ans, on lui avait cherché une position, et il était entré, commis à quinze cents francs, au ministère de la Marine. Il avait échoué sur cet écueil comme tous ceux qui ne sont point préparés de bonne heure au rude combat de la vie, tous ceux qui voient l'existence à travers un nuage, qui ignorent les moyens et les résistances,[3] en qui on n'a pas développé dès l'enfance des aptitudes spéciales, des facultés particulières, une âpre énergie à la lutte, tous ceux à qui on n'a pas remis une arme ou un outil dans la main.

Ses trois premières années de bureau furent horribles.

Il avait retrouvé quelques amis de sa famille, vieilles gens attardés et peu fortunés aussi, qui vivaient dans les rues nobles, les tristes rues du faubourg Saint-Germain; et il s'était fait un cercle de connaissances.

Étrangers à la vie moderne, humbles et fiers, ces aristocrates nécessiteux habitaient les étages élevés de maisons endormies. Du haut en bas de ces demeures, les locataires étaient titrés; mais l'argent semblait rare au premier comme au sixième.

Les éternels préjugés, la préoccupation du rang, le souci de ne pas déchoir, hantaient ces familles autrefois brillantes, et ruinées par l'inaction des hommes. Hector de Gribelin rencontra dans ce monde une jeune fille noble et pauvre comme lui, et l'épousa.

Ils eurent deux enfants en quatre ans.

1 *la gêne première:* their original financial embarrassment.
2 *vivotait:* just struggled along.
3 *qui ignorent...résistances:* who know nothing about ways and means and obstacles.

Pendant quatre années encore, ce ménage, harcelé par la misère, ne connut d'autres distractions que la promenade aux Champs-Élysées, le dimanche, et quelques soirées au théâtre, une ou deux par hiver, grâce à des billets de faveur[1] offerts par un collègue.

Mais voilà que, vers le printemps, un travail supplémentaire fut confié à l'employé par son chef, et il reçut une gratification[2] extraordinaire de trois cents francs.

En rapportant cet argent, il dit à sa femme :

"Ma chère Henriette, il faut nous offrir quelque chose, par exemple une partie de plaisir[3] pour les enfants."

Et après une longue discussion, il fut décidé qu'on irait déjeuner à la campagne.

"Ma foi, s'écria Hector, une fois n'est pas coutume; nous louerons un break pour toi, les petits et la bonne, et moi je prendrai un cheval au manège. Cela me fera du bien."

Et pendant toute la semaine on ne parla que de l'excursion projetée.

Chaque soir, en rentrant du bureau, Hector saisissait son fils aîné, le plaçait à califourchon sur sa jambe, et, en le faisant sauter de toute sa force, il lui disait :

"Voilà comment il galopera, papa, dimanche prochain, à la promenade."

Et le gamin, tout le jour, enfourchait les chaises et les traînait autour de la salle en criant :

"C'est papa à dada."[4]

Et la bonne elle-même regardait monsieur d'un œil émerveillé, en songeant qu'il accompagnerait la voiture à cheval; et pendant tous les repas elle l'écoutait parler d'équitation, raconter ses exploits de jadis, chez son père. Oh! il avait été à bonne école, et, une fois la bête entre ses jambes, il ne craignait rien, mais rien!

Il répétait à sa femme en se frottant les mains :

"Si on pouvait me donner un animal un peu difficile, je serais enchanté. Tu verras comme je monte;[5] et, si tu veux, nous reviendrons par les Champs-Élysées au moment du retour du Bois. Comme nous ferons bonne figure, je ne serais pas fâché de ren-

---

1 *billets de faveur:* complimentary tickets.
2 *une gratification:* a bonus.   3 *partie de plaisir:* picnic.
4 *à dada:* on his gee-gee.   5 *comme je monte:* how I ride.

contrer quelqu'un du Ministère. Il n'en faut pas plus pour se faire respecter de ses chefs."[1]

Au jour dit, la voiture et le cheval arrivèrent en même temps devant la porte. Il descendit aussitôt, pour examiner sa monture. Il avait fait coudre des sous-pieds à son pantalon, et manœuvrait une cravache achetée la veille.

Il leva et palpa, l'une après l'autre, les quatre jambes de la bête, tâta le cou, les côtes, les jarrets, éprouva du doigt les reins, ouvrit la bouche, examina les dents, déclara son âge, et, comme toute la famille descendait, il fit une sorte de petit cours théorique et pratique sur le cheval en général et en particulier sur celui-là, qu'il reconnaissait excellent.

Quand tout le monde fut bien placé dans la voiture, il vérifia les sangles de la selle; puis, s'enlevant sur un étrier, il retomba sur l'animal, qui se mit à danser sous la charge et faillit désarçonner son cavalier.

Hector, ému, tâchait de le calmer:

"Allons, tout beau, mon ami, tout beau."

Puis, quand le porteur eut repris sa tranquillité et le porté son aplomb, celui-ci demanda:

"Est-on prêt?"

Toutes les voix répondirent:

"Oui."

Alors, il commanda:

"En route!"

Et la cavalcade s'éloigna.

Tous les regards étaient tendus sur lui. Il trottait à l'anglaise en exagérant les ressauts.[2] A peine était-il retombé sur la selle qu'il rebondissait comme pour monter dans l'espace. Souvent il semblait prêt à s'abattre sur la crinière; et il tenait ses yeux fixes devant lui, ayant la figure crispée et les joues pâles.

Sa femme, gardant sur ses genoux un des enfants, et la bonne qui portait l'autre, répétaient sans cesse:

"Regardez papa, regardez papa!"

Et les deux gamins, grisés par le mouvement, la joie et l'air vif, poussaient des cris aigus. Le cheval, effrayé par ces clameurs, finit par prendre le galop, et, pendant que le cavalier s'efforçait de

---

1 *Il n'en faut pas plus...:* It is often a little thing like that....
2 *en exagérant les ressauts:* rising too high in the saddle.

l'arrêter, le chapeau roula par terre. Il fallut que le cocher descendît de son siège pour ramasser cette coiffure, et, quand Hector l'eut reçue de ses mains, il s'adressa de loin à sa femme:

"Empêche donc les enfants de crier comme ça; tu me ferais emporter!"

On déjeuna sur l'herbe, dans les bois du Vésinet, avec les provisions déposées dans les coffres.

Bien que le cocher prît soin des trois chevaux, Hector à tout moment se levait pour aller voir si le sien ne manquait de rien; et il le caressait sur le cou, lui faisant manger du pain, des gâteaux, du sucre.

Il déclara:

"C'est un rude trotteur. Il m'a même un peu secoué dans les premiers moments; mais tu as vu que je m'y suis vite remis:[1] il a reconnu son maître, il ne bougera plus maintenant."

Comme il avait été décidé, on revint par les Champs-Élysées.

La vaste avenue fourmillait de voitures. Et sur les côtés, les promeneurs étaient si nombreux qu'on eût dit deux longs rubans noirs se déroulant, depuis l'Arc de Triomphe jusqu'à la place de la Concorde. Une averse de soleil tombait sur tout ce monde, faisait étinceler le vernis des calèches, l'acier des harnais, les poignées des portières.

Une folie de mouvement, une ivresse de vie semblait agiter cette foule de gens, d'équipages et de bêtes. Et l'Obélisque, là-bas, se dressait dans une buée d'or.

Le cheval d'Hector, dès qu'il eut dépassé l'Arc de Triomphe, fut saisi soudain d'une ardeur nouvelle, et il filait à travers les roues, au grand trot, vers l'écurie, malgré toutes les tentatives d'apaisement de son cavalier.

La voiture était loin maintenant, loin derrière; et voilà qu'en face du Palais de l'Industrie, l'animal, se voyant du champ,[2] tourna à droite et prit le galop.

Une vieille femme en tablier traversait la chaussée d'un pas tranquille; elle se trouvait juste sur le chemin d'Hector, qui arrivait à fond de train.[3] Impuissant à maîtriser sa bête, il se mit à crier de toute sa force:

1 *je m'y suis vite remis:* I soon got used to it again.
2 *se voyant du champ:* seeing the field clear.
3 *à fond de train:* hell for leather.

"Holà! hé! holà! là-bas!"

Elle était sourde peut-être, car elle continua paisiblement sa route jusqu'au moment où, heurtée par le poitrail du cheval lancé comme une locomotive, elle alla rouler dix pas plus loin, les jupes en l'air, après trois culbutes sur la tête.

Des voix criaient:

"Arrêtez-le!"

Hector, éperdu, se cramponnait à la crinière en hurlant:

"Au secours!"

Une secousse terrible le fit passer comme une balle par-dessus les oreilles de son coursier et tomber dans les bras d'un sergent de ville qui venait de se jeter à sa rencontre.

En une seconde, un groupe furieux, gesticulant, vociférant, se forma autour de lui. Un vieux monsieur surtout, un vieux monsieur portant une grande décoration ronde et de grandes moustaches blanches, semblait exaspéré. Il répétait:

"Sacrebleu, quand on est maladroit comme ça, on reste chez soi! On ne vient pas tuer les gens dans la rue quand on ne sait pas conduire un cheval."

Mais quatre hommes, portant la vieille, apparurent. Elle semblait morte, avec sa figure jaune et son bonnet de travers, tout gris de poussière.

"Portez cette femme chez un pharmacien, commanda le vieux monsieur, et allons chez le commissaire de police."

Hector, entre les deux agents, se mit en route. Un troisième tenait son cheval. Une foule suivait; et soudain le break parut. Sa femme s'élança, la bonne perdait la tête, les marmots piaillaient. Il expliqua qu'il allait rentrer, qu'il avait renversé une femme, que ce n'était rien. Et sa famille, affolée, s'éloigna.

Chez le commissaire, l'explication fut courte. Il donna son nom, Hector de Gribelin, attaché au ministère de la Marine; et on attendit des nouvelles de la blessée. Un agent envoyé aux renseignements revint. Elle avait repris connaissance, mais elle souffrait effroyablement en dedans, disait-elle. C'était une femme de ménage, âgée de soixante-cinq ans, et dénommée Mme Simon.

Quand il sut qu'elle n'était pas morte, Hector reprit espoir et promit de subvenir aux frais de sa guérison. Puis il courut chez le pharmacien.

Une cohue stationnait devant la porte; la bonne femme, affaissée dans un fauteuil, geignait, les mains inertes, la face abrutie. Deux médecins l'examinaient encore. Aucun membre n'était cassé, mais on craignait une lésion interne.

Hector lui parla:

"Souffrez-vous beaucoup?

— Oh! oui.

— Où ça?

— C'est comme un feu que j'aurais dans les estomacs."

Un médecin s'approcha:

"C'est vous, monsieur, qui êtes l'auteur de l'accident?

— Oui, monsieur.

— Il faudrait envoyer cette femme dans une maison de santé; j'en connais une où on la recevrait à six francs par jour. Voulez-vous que je m'en charge?"

Hector, ravi, remercia et rentra chez lui soulagé.

Sa femme l'attendait dans les larmes; il l'apaisa.

"Ce n'est rien, cette dame Simon va déjà mieux, dans trois jours il n'y paraîtra plus; je l'ai envoyée dans une maison de santé; ce n'est rien."

Ce n'est rien!

En sortant de son bureau, le lendemain, il alla prendre des nouvelles de Mme Simon. Il la trouva en train de manger un bouillon gras d'un air satisfait.

"Eh bien?" dit-il.

Elle répondit:

"Oh, mon pauv' monsieur, ça n' change pas. Je me sens quasiment anéantie. N'y a pas de mieux."

Le médecin déclara qu'il fallait attendre, une complication pouvant survenir.

Il attendit trois jours, puis il revint. La vieille femme, le teint clair, l'œil limpide, se mit à geindre en l'apercevant.

"Je n' peux pu r'muer, mon pauv' monsieur; je n' peux pu. J'en ai pour jusqu'à la fin de mes jours."

Un frisson courut dans les os d'Hector. Il demanda le médecin. Le médecin leva les bras:

"Que voulez-vous, monsieur, je ne sais pas, moi. Elle hurle quand on essaye de la soulever. On ne peut même changer de place son fauteuil sans lui faire pousser des cris déchirants. Je dois croire ce qu'elle me dit, monsieur; je ne suis pas dedans.[1] Tant

---

1 *je ne suis pas dedans:* I am not inside her skin.

que je ne l'aurai pas vue marcher, je n'ai pas le droit de supposer un mensonge de sa part."

La vieille écoutait, immobile, l'œil sournois.

Huit jours se passèrent; puis quinze, puis un mois. Mme Simon ne quittait pas son fauteuil. Elle mangeait du matin au soir, engraissait, causait gaiement avec les autres malades, semblait accoutumée à l'immobilité comme si c'eût été le repos bien gagné par ses cinquante ans d'escaliers montés et descendus, de matelas retournés, de charbon porté d'étage en étage, de coups de balai et de coups de brosse.

Hector, éperdu, venait chaque jour; chaque jour il la trouvait tranquille et sereine, et déclarant:

"Je n' peux pu r'muer, mon pauv' monsieur, je n' peux pu."

Chaque soir, Mme de Gribelin demandait, dévorée d'angoisses: "Et Mme Simon?"

Et, chaque fois, il répondait avec un abattement désespéré: "Rien de changé, absolument rien!"

On renvoya la bonne, dont les gages devenaient trop lourds. On économisa davantage encore, la gratification tout entière y passa.

Alors Hector assembla quatre grands médecins qui se réunirent autour de la vieille. Elle se laissa examiner, tâter, palper, en les guettant d'un œil malin.

"Il faut la faire marcher", dit l'un.

Elle s'écria:

"Je n' peux pu, mes bons messieurs, je n' peux pu!"

Alors ils l'empoignèrent, la soulevèrent, la traînèrent quelques pas; mais elle leur échappa des mains et s'écroula sur le plancher en poussant des clameurs si épouvantables qu'ils la reportèrent sur son siège avec des précautions infinies.

Ils émirent une opinion discrète, concluant cependant à l'impossibilité du travail.

Et, quand Hector apporta cette nouvelle à sa femme, elle se laissa choir sur une chaise en balbutiant:

"Il vaudrait encore mieux la prendre ici, ça nous coûterait moins cher."

Il bondit:

"Ici, chez nous, y penses-tu?"

Mais elle répondit, résignée à tout maintenant, et avec des larmes dans les yeux:

"Que veux-tu, mon ami, ce n'est pas ma faute!..."

1884

LE BAPTÊME

Devant la porte de la ferme, les hommes endimanchés attendaient. Le soleil de mai versait sa claire lumière sur les pommiers épanouis, ronds comme d'immenses bouquets blancs, roses et parfumés, et qui mettaient sur la cour entière un toit de fleurs. Ils semaient sans cesse autour d'eux une neige de pétales menus, qui voltigeaient et tournoyaient en tombant dans l'herbe haute, où les pissenlits brillaient comme des flammes, où les coquelicots semblaient des gouttes de sang.

Une truie somnolait sur le bord du fumier, le ventre énorme, les mamelles gonflées, tandis qu'une troupe de petits porcs tournaient autour, avec leur queue roulée comme une corde.

Tout à coup, là-bas, derrière les arbres des fermes, la cloche de l'église tinta. Sa voix de fer jetait dans le ciel joyeux son appel faible et lointain. Des hirondelles filaient comme des flèches à travers l'espace bleu qu'enfermaient les grands hêtres immobiles. Une odeur d'étable passait, parfois, mêlée au souffle doux et sucré des pommiers.

Un des hommes debout devant la porte se tourna vers la maison et cria :

— Allons, allons, Mélina, v'là que ça sonne !

Il avait peut-être trente ans. C'était un grand paysan, que les longs travaux des champs n'avaient point encore courbé ni déformé. Un vieux, son père, noueux comme un tronc de chêne avec des poignets bossués et des jambes torses, déclara :

— Les femmes c'est jamais prêt, d'abord.

Les deux autres fils du vieux se mirent à rire, et l'un, se tournant vers le frère aîné, qui avait appelé le premier, lui dit :

— Va les quérir, Polyte. All' viendront point[1] avant midi.

Et le jeune homme entra dans sa demeure.

Une bande de canards arrêtée près des paysans se mit à crier en battant des ailes ; puis ils partirent vers la mare de leur pas lent et balancé.

[1] *All' viendront point :* i.e. Elles ne viendront point.

Alors, sur la porte demeurée ouverte, une grosse femme parut qui portait un enfant de deux mois. Les brides[1] blanches de son haut bonnet lui pendaient sur le dos, retombant sur un châle rouge, éclatant comme un incendie, et le moutard,[2] enveloppé de linges blancs, reposait sur le ventre en bosse de la garde.

Puis la mère, grande et forte, sortit à son tour, à peine âgée de dix-huit ans, fraîche et souriante, tenant le bras de son homme. Et les deux grand'mères vinrent ensuite, fanées ainsi que de vieilles pommes, avec une fatigue évidente dans leurs reins forcés, tournés depuis longtemps par les patientes et rudes besognes. Une d'elles était veuve; elle prit le bras du grand-père, demeuré devant la porte, et ils partirent en tête du cortège, derrière l'enfant et la sage-femme. Et le reste de la famille se mit en route à la suite. Les plus jeunes portaient des sacs de papier pleins de dragées.

Là-bas, la petite cloche sonnait sans repos, appelant de toute sa force le frêle marmot attendu. Des gamins montaient sur les fossés; des gens apparaissaient aux barrières; des filles de ferme restaient debout entre deux seaux pleins de lait qu'elles posaient à terre pour regarder le baptême.

Et la garde, triomphante, portait son fardeau vivant, évitait les flaques d'eau dans les chemins creux, entre les talus plantés d'arbres. Et les vieux venaient avec cérémonie, marchant un peu de travers, vu l'âge et les douleurs; et les jeunes avaient envie de danser, et ils regardaient les filles qui venaient les voir passer; et le père et la mère allaient gravement, plus sérieux, suivant cet enfant qui les remplacerait, plus tard, dans la vie, qui continuerait dans le pays leur nom, le nom des Dentu, bien connu par le canton.

Ils débouchèrent dans la plaine et prirent à travers[3] les champs pour éviter le long détour de la route.

On apercevait l'église maintenant, avec son clocher pointu. Une ouverture le traversait juste au-dessus du toit d'ardoises; et quelque chose remuait là-dedans, allant et venant d'un mouvement vif, passant et repassant derrière l'étroite fenêtre. C'était la cloche qui sonnait toujours, criant au nouveau-né de venir, pour la première fois, dans la maison du Bon Dieu.

Un chien s'était mis à suivre. On lui jetait des dragées, il gambadait autour des gens.

1 *brides:* strings.   2 *moutard:* brat.
3 *prirent à travers:* cut across.

La porte de l'église était ouverte. Le prêtre, un grand garçon à cheveux rouges, maigre et fort, un Dentu aussi, lui, oncle du petit, encore un frère du père, attendait devant l'autel. Et il baptisa suivant les rites son neveu Prosper-César, qui se mit à pleurer en goûtant le sel symbolique.

Quand la cérémonie fut achevée, la famille demeura sur le seuil pendant que l'abbé quittait son surplis; puis on se remit en route. On allait vite maintenant, car on pensait au dîner. Toute la marmaille du pays suivait, et, chaque fois qu'on lui jetait une poignée de bonbons, c'était une mêlée furieuse, des luttes corps à corps, des cheveux arrachés; et le chien aussi se jetait dans le tas pour ramasser les sucreries, tiré par la queue, par les oreilles, par les pattes, mais plus obstiné que les gamins.

La garde, un peu lasse, dit à l'abbé qui marchait auprès d'elle:

— Dites donc, m'sieu le curé, si ça ne vous opposait pas de m'tenir un brin[1] vot' neveu pendant que je m'dégourdirai. J'ai quasiment une crampe dans les estomacs.

Le prêtre prit l'enfant, dont la robe blanche faisait une grande tache éclatante sur la soutane noire, et il l'embrassa, gêné par ce léger fardeau, ne sachant comment le tenir, comment le poser. Tout le monde se mit à rire. Une des grand'mères demanda de loin:

— Ça ne t'fait-il point deuil, dis l'abbé, qu' tu n'en auras jamais de comme ça?

Le prêtre ne répondit pas. Il allait à grandes enjambées, regardant fixement le moutard aux yeux bleus, dont il avait envie d'embrasser encore les joues rondes. Il n'y tint plus, et, le levant jusqu'à son visage, il le baisa longuement.

Le père cria:

— Dis donc, curé, si t'en veux un, t'as qu'à le dire.

Et on se mit à plaisanter, comme plaisantent les gens des champs.

Dès qu'on fut assis à table, la lourde gaieté campagnarde éclata comme une tempête. Les deux autres fils allaient aussi se marier; leurs fiancées étaient là, arrivées seulement pour le repas; et les invités ne cessaient de lancer des allusions à toutes les générations futures que promettaient ces unions.

C'étaient des gros mots, fortement salés, qui faisaient ricaner les filles rougissantes et se tordre les hommes. Ils tapaient du poing

1 *de m'tenir un brin:* hold for a bit.

sur la table, poussaient des cris. Le père et le grand-père ne tarissaient point en propos polissons. La mère souriait; les vieilles prenaient leur part de joie et lançaient aussi des gaillardises.

Le curé, habitué à ces débauches paysannes, restait tranquille, assis à côté de la garde, agaçant[1] du doigt la petite bouche de son neveu pour le faire rire. Il semblait surpris par la vue de cet enfant, comme s'il n'en avait jamais aperçu. Il le considérait avec une attention réfléchie, avec une gravité songeuse, avec une tendresse éveillée au fond de lui, une tendresse inconnue, singulière, vive et un peu triste, pour ce petit être fragile qui était le fils de son frère.

Il n'entendait rien, il ne voyait rien, il contemplait l'enfant. Il avait envie de le prendre encore sur ses genoux, car il gardait, sur sa poitrine et dans son cœur, la sensation douce de l'avoir porté tout à l'heure, en revenant de l'église. Il restait ému devant cette larve d'homme[2] comme devant un mystère ineffable auquel il n'avait jamais pensé, un mystère auguste et saint, l'incarnation d'une âme nouvelle, le grand mystère de la vie qui commence, de l'amour qui s'éveille, de la race qui se continue, de l'humanité qui marche toujours.

La garde mangeait, la face rouge, les yeux luisants, gênée par le petit qui l'écartait de la table.

L'abbé lui dit:

— Donnez-le-moi. Je n'ai pas faim.

Et il reprit l'enfant. Alors tout disparut autour de lui, tout s'effaça; et il restait les yeux fixés sur cette figure rose et bouffie; et peu à peu la chaleur du petit corps, à travers les langes et le drap de la soutane, lui gagnait les jambes, le pénétrait comme une caresse très légère, très bonne, très chaste, une caresse délicieuse qui lui mettait des larmes aux yeux.

Le bruit des mangeurs devenait effrayant. L'enfant, agacé par ces clameurs, se mit à pleurer.

Une voix s'écria:

— Dis donc, l'abbé, donne-lui à téter.

Et une explosion de rires secoua la salle. Mais la mère s'était levée; elle prit son fils et l'emporta dans la chambre voisine. Elle revint au bout de quelques minutes en déclarant qu'il dormait tranquillement dans son berceau.

1 *agaçant:* tickling.   2 *larve d'homme:* embryo of a man.

Et le repas continua. Hommes et femmes sortaient de temps en temps dans la cour, puis rentraient se mettre à table. Les viandes, les légumes, le cidre et le vin s'engouffraient dans les bouches, gonflaient les ventres, allumaient les yeux, faisaient délirer les esprits.

La nuit tombait quand on prit le café. Depuis longtemps le prêtre avait disparu, sans qu'on s'étonnât de son absence.

La jeune mère enfin se leva pour aller voir si le petit dormait toujours. Il faisait sombre à présent. Elle pénétra dans la chambre à tâtons; et elle avançait, les bras étendus, pour ne point heurter de meuble. Mais un bruit singulier l'arrêta net; et elle ressortit effarée, sûre d'avoir entendu remuer quelqu'un. Elle rentra dans la salle, fort pâle, tremblante, et raconta la chose. Tous les hommes se levèrent en tumulte, gris et menaçants; et le père, une lampe à la main, s'élança.

L'abbé, à genoux près du berceau, sanglotait, le front sur l'oreiller où reposait la tête de l'enfant.

MON ONCLE JULES

Un vieux pauvre, à barbe blanche, nous demanda l'aumône. Mon camarade Joseph Davranche lui donna cent sous. Je fus surpris. Il me dit:

— Ce misérable m'a rappelé une histoire que je vais te dire et dont le souvenir me poursuit sans cesse. La voici.

Ma famille, originaire du Havre, n'était pas riche. On s'en tirait,[1] voilà tout. Le père travaillait, rentrait tard du bureau et ne gagnait pas grand'chose. J'avais deux sœurs.

Ma mère souffrait beaucoup de la gêne où nous vivions, et elle trouvait souvent des paroles aigres pour son mari, des reproches voilés et perfides. Le pauvre homme avait alors un geste qui me navrait. Il se passait la main ouverte sur le front, comme pour essuyer une sueur qui n'existait pas, et il ne répondait rien. Je sentais sa douleur impuissante. On économisait sur tout; on n'acceptait jamais un dîner, pour n'avoir pas à le rendre; on achetait les provisions au rabais,[2] les fonds de boutique. Mes sœurs

1 *On s'en tirait:* we just managed.
2 *au rabais:* at a reduced price.

faisaient leurs robes elles-mêmes et avaient de longues discussions sur le prix d'un galon qui valait quinze centimes le mètre. Notre nourriture ordinaire consistait en soupe grasse et bœuf accommodé à toutes les sauces. Cela est sain et réconfortant, paraît-il; j'aurais préféré autre chose.

On me faisait des scènes abominables pour les boutons perdus et les pantalons déchirés.

Mais chaque dimanche nous allions faire notre tour de jetée en grande tenue.[1] Mon père, en redingote, en grand chapeau, en gants, offrait le bras à ma mère, pavoisée comme un navire un jour de fête. Mes sœurs, prêtes les premières, attendaient le signal du départ; mais, au dernier moment, on découvrait toujours une tache oubliée sur la redingote du père de famille, et il fallait bien vite l'effacer avec un chiffon mouillé de benzine.

Mon père, gardant son grand chapeau sur la tête, attendait, en manches de chemise, que l'opération fût terminée, tandis que ma mère se hâtait, ayant ajusté ses lunettes de myope, et ôté ses gants pour ne pas les gâter.

On se mettait en route avec cérémonie. Mes sœurs marchaient devant, en se donnant le bras. Elles étaient en âge de mariage, et on en faisait montre[2] en ville. Je me tenais à gauche de ma mère, dont mon père gardait la droite. Et je me rappelle l'air pompeux de mes pauvres parents dans ces promenades du dimanche, la rigidité de leurs traits, la sévérité de leur allure. Ils avançaient d'un pas grave, le corps droit, les jambes raides, comme si une affaire d'une importance extrême eût dépendu de leur tenue.

Et chaque dimanche, en voyant entrer les grands navires qui revenaient de pays inconnus et lointains, mon père prononçait invariablement les mêmes paroles:

— Hein! si Jules était là-dedans, quelle surprise!

Mon oncle Jules, le frère de mon père, était le seul espoir de la famille, après en avoir été la terreur. J'avais entendu parler de lui depuis mon enfance, et il me semblait que je l'aurais reconnu du premier coup, tant sa pensée m'était devenue familière. Je savais tous les détails de son existence jusqu'au jour de son départ pour l'Amérique, bien qu'on ne parlât qu'à voix basse de cette période de sa vie.

1 *en grande tenue:* in our best clothes.
2 *on en faisait montre:* they were shown off.

Il avait eu, paraît-il, une mauvaise conduite, c'est-à-dire qu'il avait mangé quelque argent,[1] ce qui est bien le plus grand des crimes pour les familles pauvres. Chez les riches, un homme qui s'amuse *fait des bêtises.* Il est ce qu'on appelle, en souriant, un noceur. Chez les nécessiteux, un garçon qui force les parents à écorner le capital devient un mauvais sujet, un gueux, un drôle!

Et cette distinction est juste, bien que le fait soit le même, car les conséquences seules déterminent la gravité de l'acte.

Enfin l'oncle Jules avait notablement diminué l'héritage sur lequel comptait mon père; après avoir d'ailleurs mangé sa part jusqu'au dernier sou.

On l'avait embarqué pour l'Amérique, comme on faisait alors, sur un navire marchand allant du Havre à New-York.

Une fois là-bas, mon oncle Jules s'établit marchand de je ne sais quoi, et il écrivit bientôt qu'il gagnait un peu d'argent et qu'il espérait pouvoir dédommager mon père du tort qu'il lui avait fait. Cette lettre causa dans la famille une émotion profonde. Jules, qui ne valait pas, comme on dit, les quatre fers d'un chien,[2] devint tout à coup un honnête homme, un garçon de cœur, un vrai Davranche, intègre comme tous les Davranche.

Un capitaine nous apprit en outre qu'il avait loué une grande boutique et qu'il faisait un commerce important.

Une seconde lettre, deux ans plus tard, disait: "Mon cher Philippe, je t'écris pour que tu ne t'inquiètes pas de ma santé, qui est bonne. Les affaires aussi vont bien. Je pars demain pour un long voyage dans l'Amérique du Sud. Je serai peut-être plusieurs années sans te donner de mes nouvelles. Si je ne t'écris pas, ne sois pas inquiet. Je reviendrai au Havre une fois fortune faite. J'espère que ce ne sera pas trop long, et nous vivrons heureux ensemble…"

Cette lettre était devenue l'évangile de la famille. On la lisait à tout propos, on la montrait à tout le monde.

Pendant dix ans, en effet, l'oncle Jules ne donna plus de nouvelles; mais l'espoir de mon père grandissait à mesure que le temps marchait; et ma mère aussi disait souvent:

— Quand ce bon Jules sera là, notre situation changera. En voilà un qui a su se tirer d'affaire![3]

1 *mangé quelque argent:* squandered some money.
2 *ne valait…chien* (colloq.): was a good for nothing; wasn't worth a rap.
3 *qui a su se tirer d'affaire:* who has managed to get on.

Et chaque dimanche, en regardant venir de l'horizon les gros vapeurs noirs vomissant sur le ciel des serpents de fumée, mon père répétait sa phrase éternelle :

— Hein ! si Jules était là-dedans, quelle surprise !

Et on s'attendait presque à le voir agiter un mouchoir, et crier :

— Ohé ! Philippe.

On avait échafaudé mille projets sur ce retour assuré ; on devait même acheter, avec l'argent de l'oncle, une petite maison de campagne près d'Ingouville. Je n'affirmerais pas que mon père n'eût point entamé déjà des négociations à ce sujet.

L'aînée de mes sœurs avait alors vingt-huit ans ; l'autre vingt-six. Elles ne se mariaient pas, et c'était là un gros chagrin pour tout le monde.

Un prétendant enfin se présenta pour la seconde. Un employé, pas riche, mais honorable. J'ai toujours eu la conviction que la lettre de l'oncle Jules, montrée un soir, avait terminé les hésitations et emporté la résolution du jeune homme.

On l'accepta avec empressement, et il fut décidé qu'après le mariage toute la famille ferait ensemble un petit voyage à Jersey.

Jersey est l'idéal du voyage pour les gens pauvres. Ce n'est pas loin ; on passe la mer dans un paquebot et on est en terre étrangère, cet îlot appartenant aux Anglais. Donc, un Français, avec deux heures de navigation, peut s'offrir la vue d'un peuple voisin chez lui et étudier les mœurs, déplorables d'ailleurs, de cette île couverte par le pavillon britannique, comme disent les gens qui parlent avec simplicité.

Ce voyage de Jersey devint notre préoccupation, notre unique attente, notre rêve de tous les instants.

On partit enfin. Je vois cela comme si c'était d'hier : le vapeur chauffant contre le quai de Granville ; mon père, effaré, surveillant l'embarquement de nos trois colis ; ma mère inquiète ayant pris le bras de ma sœur non mariée, qui semblait perdue depuis le départ de l'autre, comme un poulet resté seul de sa couvée ; et, derrière nous, les nouveaux époux qui restaient toujours en arrière, ce qui me faisait souvent tourner la tête.

Le bâtiment siffla. Nous voici montés, et le navire, quittant la jetée, s'éloigna sur une mer plate comme une table de marbre vert. Nous regardions les côtes s'enfuir, heureux et fiers comme tous ceux qui voyagent peu.

Mon père tendait son ventre, sous sa redingote dont on avait, le matin même, effacé avec soin toutes les taches, et il répandait autour de lui cette odeur de benzine des jours de sortie, qui me faisait reconnaître les dimanches.

Tout à coup, il avisa deux dames élégantes à qui deux messieurs offraient des huîtres. Un vieux matelot déguenillé ouvrait d'un coup de couteau les coquilles et les passait aux messieurs, qui les tendaient ensuite aux dames. Elles mangeaient d'une manière délicate, en tenant l'écaille sur un mouchoir fin et en avançant la bouche pour ne point tacher leurs robes. Puis elles buvaient l'eau d'un petit mouvement rapide et jetaient la coquille à la mer.

Mon père, sans doute, fut séduit par cet acte distingué de manger des huîtres sur un navire en marche. Il trouva cela bon genre,[1] raffiné, supérieur, et il s'approcha de ma mère et de mes sœurs en demandant:

— Voulez-vous que je vous offre quelques huîtres?

Ma mère hésitait, à cause de la dépense; mais mes deux sœurs acceptèrent tout de suite. Ma mère dit, d'un ton contrarié:

— J'ai peur de me faire mal à l'estomac. Offre ça aux enfants seulement, mais pas trop, tu les rendrais malades.

Puis, se tournant vers moi, elle ajouta:

— Quant à Joseph, il n'en a pas besoin; il ne faut point gâter les garçons.

Je restai donc à côté de ma mère, trouvant injuste cette distinction. Je suivais de l'œil mon père, qui conduisait pompeusement ses deux filles et son gendre vers le vieux matelot déguenillé.

Les deux dames venaient de partir, et mon père indiquait à mes sœurs comment il fallait s'y prendre pour manger sans laisser couler l'eau; il voulut même donner l'exemple et il s'empara d'une huître. En essayant d'imiter les dames, il renversa immédiatement tout le liquide sur sa redingote et j'entendis ma mère murmurer:

— Il ferait mieux de se tenir tranquille.

Mais tout à coup mon père me parut inquiet; il s'éloigna de quelques pas, regarda fixement sa famille pressée autour de l'écailleur, et, brusquement, il vint vers nous. Il me sembla fort pâle, avec des yeux singuliers. Il dit, à mi-voix, à ma mère:

— C'est extraordinaire comme cet homme qui ouvre les huîtres ressemble à Jules.

    1 *bon genre*: **smart.**

Ma mère, interdite, demanda:

— Quel Jules?

Mon père reprit:

— Mais... mon frère... Si je ne le savais pas en bonne position, en Amérique, je croirais que c'est lui.

Ma mère, effarée, balbutia:

— Tu es fou! Du moment que tu sais bien que ce n'est pas lui, pourquoi dire ces bêtises-là?

Mais mon père insistait:

— Va donc le voir, Clarisse; j'aime mieux que tu t'en assures toi-même, de tes propres yeux.

Elle se leva et alla rejoindre ses filles. Moi aussi, je regardais l'homme. Il était vieux, sale, tout ridé, et ne détournait pas le regard de sa besogne.

Ma mère revint. Je m'aperçus qu'elle tremblait. Elle prononça très vite:

— Je crois que c'est lui. Va donc demander des renseignements au capitaine. Surtout, sois prudent, pour que ce garnement ne nous retombe pas sur les bras, maintenant!

Mon père s'éloigna, mais je le suivis. Je me sentais étrangement ému.

Le capitaine, un grand monsieur, maigre, à longs favoris, se promenait sur la passerelle d'un air important, comme s'il eût commandé le courrier des Indes.

Mon père l'aborda avec cérémonie, en l'interrogeant sur son métier avec accompagnement de compliments:

— Quelle était l'importance de Jersey? Ses productions? Sa population? Ses mœurs? Ses coutumes? La nature du sol, etc., etc.

On eût cru qu'il s'agissait au moins des États-Unis d'Amérique.

Puis on parla du bâtiment qui nous portait, l'*Express*; puis on en vint à l'équipage. Mon père, enfin, d'une voix troublée:

— Vous avez là un vieil écailleur d'huîtres qui paraît bien intéressant. Savez-vous quelques détails sur ce bonhomme?

Le capitaine, que cette conversation finissait par irriter, répondit sèchement:

— C'est un vieux vagabond français que j'ai trouvé en Amérique l'an dernier, et que j'ai rapatrié. Il a, paraît-il, des parents au Havre, mais il ne veut pas retourner près d'eux parce qu'il leur doit de l'argent. Il s'appelle Jules... Jules Darmanche ou Darvanche, quelque chose comme ça, enfin. Il paraît qu'il a été riche un moment là-bas, mais vous voyez où il en est réduit maintenant.

Mon père, qui devenait livide, articula, la gorge serrée, les yeux hagards:

— Ah! ah! très bien... fort bien... Cela ne m'étonne pas... Je vous remercie beaucoup, capitaine.

Et il s'en alla, tandis que le marin le regardait s'éloigner avec stupeur.

Il revint auprès de ma mère, tellement décomposé qu'elle lui dit:

— Assieds-toi; on va s'apercevoir de quelque chose.

Il tomba sur le banc en bégayant:

— C'est lui, c'est bien lui!

Puis il demanda:

— Qu'allons-nous faire?...

Elle répondit vivement:

— Il faut éloigner les enfants. Puisque Joseph sait tout, il va aller les chercher. Il faut prendre garde surtout que notre gendre ne se doute de rien.[1]

Mon père paraissait atterré. Il murmura:

— Quelle catastrophe!

Ma mère ajouta, devenue tout à coup furieuse:

— Je me suis toujours doutée que ce voleur ne ferait rien, et qu'il nous retomberait sur le dos! Comme si on pouvait attendre quelque chose d'un Davranche!...

Et mon père se passa la main sur le front, comme il faisait sous les reproches de sa femme.

Elle ajouta:

— Donne de l'argent à Joseph pour qu'il aille payer ces huîtres, à présent. Il ne manquerait plus que d'être reconnus[2] par ce mendiant. Cela ferait un joli effet sur le navire. Allons-nous-en à l'autre bout, et fais en sorte que cet homme n'approche pas de nous!

Elle se leva, et ils s'éloignèrent après m'avoir remis une pièce de cent sous.

1 *ne se doute de rien:* does not suspect anything.
2 *il ne manquerait...reconnus:* the last straw would be if we were recognised.

Mes sœurs, surprises, attendaient leur père. J'affirmai que maman s'était trouvée un peu gênée par la mer, et je demandai à l'ouvreur d'huîtres :

— Combien est-ce que nous vous devons, monsieur ?

J'avais envie de dire : mon oncle.

Il répondit :

— Deux francs cinquante.

Je tendis mes cent sous et il me rendit la monnaie.

Je regardais sa main, une pauvre main de matelot toute plissée, et je regardais son visage, un vieux et misérable visage, triste, accablé, en me disant :

— C'est mon oncle, le frère de papa, mon oncle !

Je lui donnai dix sous de pourboire. Il me remercia :

— Dieu vous bénisse, mon jeune monsieur ! avec l'accent d'un pauvre qui reçoit l'aumône. Je pensai qu'il avait dû mendier, là-bas !

Mes sœurs me contemplaient, stupéfaites de ma générosité.

Quand je remis les deux francs à mon père, ma mère, surprise, demanda :

— Il y en avait pour trois francs ?... Ce n'est pas possible.

Je déclarai d'une voix ferme :

— J'ai donné dix sous de pourboire.

Ma mère eut un sursaut et me regarda dans les yeux :

— Tu es fou ! Donner dix sous à cet homme, à ce gueux !...

Elle s'arrêta sous un regard de mon père, qui désignait son gendre. Puis on se tut.

Devant nous, à l'horizon, une ombre violette semblait sortir de la mer. C'était Jersey.

Lorsqu'on approcha des jetées, un désir violent me vint au cœur de voir encore une fois mon oncle Jules, de m'approcher, de lui dire quelque chose de consolant, de tendre.

Mais, comme personne ne mangeait plus d'huîtres, il avait disparu, descendu sans doute au fond de la cale infecte où logeait ce misérable.

Et nous sommes revenus par le bateau de Saint-Malo, pour ne pas le rencontrer. Ma mère était dévorée d'inquiétude.

Je n'ai jamais revu le frère de mon père !

Voilà pourquoi tu me verras quelquefois donner cent sous aux vagabonds.

EN VOYAGE

I

Le wagon était au complet depuis Cannes; on causait, tout le monde se connaissait. Lorsqu'on passa Tarascon, quelqu'un dit: "C'est ici qu'on assassine." Et on se mit à parler du mystérieux et insaisissable meurtrier qui, depuis deux ans, s'offre, de temps en temps, la vie d'un voyageur.[1] Chacun faisait des suppositions, chacun donnait son avis; les femmes regardaient en frissonnant la nuit sombre derrière les vitres, avec la peur de voir apparaître soudain une tête d'homme à la portière. Et on se mit à raconter des histoires effrayantes de mauvaises rencontres, des tête-à-tête avec des fous dans un rapide,[2] des heures passées en face d'un personnage suspect.

Chaque homme savait une anecdote à son honneur, chacun avait intimidé, terrassé et garrotté quelque malfaiteur en des circonstances surprenantes, avec une présence d'esprit et une audace admirables. Un médecin, qui passait chaque hiver dans le Midi, voulut à son tour conter une aventure:

— Moi, dit-il, je n'ai jamais eu la chance d'expérimenter mon courage dans une affaire de cette sorte; mais j'ai connu une femme, une de mes clientes, morte aujourd'hui, à qui arriva la plus singulière chose du monde, et aussi la plus mystérieuse et la plus attendrissante.

C'était une Russe, la comtesse Marie Baranow, une très grande dame, d'une exquise beauté. Vous savez comme les Russes sont belles, du moins comme elles nous semblent belles, avec leur nez fin, leur bouche délicate, leurs yeux rapprochés,[3] d'une indéfinissable couleur, d'un bleu gris, et leur grâce froide, un peu dure! Elles ont quelque chose de méchant et de séduisant, d'altier et de doux, de tendre et de sévère, tout à fait charmant pour un Français. Au fond c'est peut-être seulement la différence de race et de type qui me fait voir tant de choses en elles.

Son médecin, depuis plusieurs années, la voyait menacée d'une

---

1 *s'offre . . . voyageur:* amuses himself by murdering a passenger.
2 *un rapide:* an express train.   3 *rapprochés:* close-set.

maladie de poitrine et tâchait de la décider à venir[1] dans le midi de la France; mais elle refusait obstinément de quitter Pétersbourg. Enfin l'automne dernier, la jugeant perdue, le docteur prévint le mari qui ordonna aussitôt à sa femme de partir pour Menton.

Elle prit le train, seule dans son wagon, ses gens de service occupant un autre compartiment. Elle restait contre la portière, un peu triste, regardant passer les campagnes et les villages, se sentant bien isolée, bien abandonnée dans la vie, sans enfants, presque sans parents, avec un mari dont l'amour était mort et qui la jetait ainsi au bout du monde sans venir avec elle, comme on envoie à l'hôpital un valet malade.

A chaque station, son serviteur Ivan venait s'informer si rien ne manquait à sa maîtresse.[2] C'était un vieux domestique aveuglément dévoué, prêt à accomplir tous les ordres qu'elle lui donnerait.

La nuit tomba, le convoi[3] roulait à toute vitesse. Elle ne pouvait dormir, énervée à l'excès. Soudain la pensée lui vint de compter l'argent que son mari lui avait remis à la dernière minute, en or de France. Elle ouvrit son petit sac et vida sur ses genoux le flot luisant de métal.

Mais tout à coup un souffle d'air froid lui frappa le visage. Surprise, elle leva la tête. La portière venait de s'ouvrir. La comtesse Marie, éperdue, jeta brusquement un châle sur son argent répandu dans sa robe, et attendit. Quelques secondes s'écoulèrent, puis un homme parut, nu-tête, blessé à la main, haletant, en costume de soirée. Il referma la porte, s'assit, regarda sa voisine avec des yeux luisants, puis enveloppa d'un mouchoir son poignet dont le sang coulait.

La jeune femme se sentait défaillir de peur. Cet homme, certes, l'avait vue compter son or, et il était venu pour la voler et la tuer.

Il la fixait toujours, essoufflé, le visage convulsé, prêt à bondir sur elle sans doute.

Il dit brusquement:

— Madame, n'ayez pas peur!

Elle ne répondit rien, incapable d'ouvrir la bouche, entendant son cœur battre et ses oreilles bourdonner.

Il reprit:

1 *la décider à venir:* persuade her to come.
2 *s'informer...maîtresse:* to find out if his mistress wanted anything.
3 *le convoi:* i.e. le train.

— Je ne suis pas un malfaiteur, madame.

Elle ne disait toujours rien, mais, dans un brusque mouvement qu'elle fit, ses genoux s'étant rapprochés, son or se mit à couler sur le tapis comme l'eau coule d'une gouttière.

L'homme, surpris, regardait ce ruisseau de métal, et il se baissa tout à coup pour le ramasser.

Elle, effarée, se leva, jetant à terre toute sa fortune, et elle courut à la portière pour se précipiter sur la voie. Mais il comprit ce qu'elle allait faire, s'élança, la saisit dans ses bras, la fit asseoir de force, et la maintenant[1] par les poignets : "Écoutez-moi, madame, je ne suis pas un malfaiteur, et, la preuve, c'est que je vais ramasser cet argent et vous le rendre. Mais je suis un homme perdu, un homme mort, si vous ne m'aidez à passer la frontière. Je ne puis vous en dire davantage. Dans une heure, nous serons à la dernière station russe ; dans une heure vingt, nous franchirons la limite de l'Empire. Si vous ne me secourez point, je suis perdu. Et cependant, madame, je n'ai ni tué, ni volé, ni rien fait de contraire à l'honneur. Cela je vous le jure. Je ne puis vous en dire davantage."

Et, se mettant à genoux, il ramassa l'or jusque sous les banquettes, cherchant les dernières pièces roulées au loin. Puis, quand ce petit sac de cuir fut plein de nouveau, il le remit à sa voisine sans ajouter un mot, et il retourna s'asseoir à l'autre coin du wagon.

Ils ne remuaient plus ni l'un ni l'autre. Elle demeurait immobile et muette, encore défaillante de terreur, mais s'apaisant peu à peu. Quant à lui il ne faisait pas un geste, pas un mouvement ; il restait droit, les yeux fixés devant lui, très pâle, comme s'il eût été mort. De temps en temps elle jetait vers lui un regard brusque, vite détourné. C'était un homme de trente ans environ, fort beau, avec toute l'apparence d'un gentilhomme.

Le train courait dans les ténèbres, jetait par la nuit ses appels déchirants, ralentissait parfois sa marche, puis repartait à toute vitesse. Mais soudain il calma son allure, siffla plusieurs fois et s'arrêta tout à fait.

Ivan parut à la portière afin de prendre les ordres.

La comtesse Marie, la voix tremblante, considéra une dernière fois son étrange compagnon, puis elle dit à son serviteur d'une voix brusque :

— Ivan, tu vas retourner près du comte, je n'ai plus besoin de toi.

1 *la maintenant:* holding her.

L'homme, interdit,[1] ouvrait des yeux énormes. Il balbutia:

— Mais... barine.

Elle reprit:

— Non, tu ne viendras pas, j'ai changé d'avis. Je veux que tu restes en Russie. Tiens, voici de l'argent pour retourner. Donne-moi ton bonnet et ton manteau.

Le vieux domestique, effaré, se décoiffa et tendit son manteau, obéissant toujours sans répondre, habitué aux volontés soudaines et aux irrésistibles caprices des maîtres. Et il s'éloigna, les larmes aux yeux.

Le train repartit, courant à la frontière.

Alors la comtesse Marie dit à son voisin:

— Ces choses sont pour vous, monsieur, vous êtes Ivan, mon serviteur. Je ne mets qu'une condition à ce que je fais: c'est que vous ne me parlerez jamais, que vous ne me direz pas un mot, ni pour me remercier, ni pour quoi que ce soit.

L'inconnu s'inclina sans prononcer une parole.

Bientôt on s'arrêta de nouveau et des fonctionnaires en uniforme visitèrent[2] le train. La comtesse leur tendit les papiers et montrant l'homme assis au fond de son wagon:

— C'est mon domestique Ivan, dont voici le passeport.

Le train se remit en route.

Pendant toute la nuit ils restèrent en tête-à-tête, muets tous deux.

Le matin venu, comme on s'arrêtait dans une gare allemande, l'inconnu descendit; puis, debout à la portière:

— Pardonnez-moi, madame, de rompre ma promesse; mais je vous ai privée de votre domestique, il est juste que je le remplace. N'avez-vous besoin de rien?

Elle répondit froidement:

— Allez chercher **ma** femme de chambre.

Il y alla. Puis disparut.

Quand elle descendait à quelque buffet,[3] elle l'apercevait de loin qui la regardait. Ils arrivèrent à Menton.

---

1 *interdit:* taken aback.
2 *visitèrent:* inspected.
3 *descendait à quelque buffet:* got off and went to a refreshment-room.

II

Le docteur se tut une seconde, puis reprit:

— Un jour, comme je recevais mes clients dans mon cabinet, je vis entrer un grand garçon qui me dit:

— Docteur, je viens vous demander des nouvelles de la comtesse Marie Baranow. Je suis, bien qu'elle ne me connaisse point, un ami de son mari.

Je répondis:

— Elle est perdue. Elle ne retournera pas en Russie.

Et cet homme brusquement se mit à sangloter, puis il se leva et sortit en trébuchant[1] comme un ivrogne.

Je prévins, le soir même, la comtesse qu'un étranger était venu m'interroger sur sa santé. Elle parut émue et me raconta toute l'histoire que je viens de vous dire. Elle ajouta:

— Cet homme que je ne connais point me suit maintenant comme mon ombre, je le rencontre chaque fois que je sors; il me regarde d'une étrange façon, mais il ne m'a jamais parlé.

Elle réfléchit, puis ajouta:

— Tenez, je parie qu'il est sous mes fenêtres.

Elle quitta sa chaise longue, alla écarter les rideaux et me montra en effet l'homme qui était venu me trouver, assis sur un banc de la promenade, les yeux levés vers l'hôtel. Il nous aperçut, se leva et s'éloigna sans retourner une fois la tête.

Alors, j'assistai à[2] une chose surprenante et douloureuse, à l'amour muet de ces deux êtres qui ne se connaissaient point.

Il l'aimait, lui, avec le dévouement d'une bête sauvée, reconnaissante et dévouée à la mort. Il venait chaque jour me dire: "Comment va-t-elle?" comprenant que je l'avais deviné. Et il pleurait affreusement quand il l'avait vue passer plus faible et plus pâle chaque jour.

Elle me disait:

— Je ne lui ai parlé qu'une fois à ce singulier homme, et il me semble que je le connais depuis vingt ans.

Et quand ils se rencontraient, elle lui rendait son salut avec un sourire grave et charmant. Je la sentais heureuse, elle si abandonnée et qui se savait perdue, je la sentais heureuse d'être aimée

---

1 *en trébuchant:* staggering.   2 *j'assistai à:* I witnessed.

ainsi, avec ce respect et cette constance, avec cette poésie exagérée, avec ce dévouement prêt à tout.[1] Et pourtant, fidèle à son obstination d'exaltée, elle refusait désespérément de le recevoir, de connaître son nom, de lui parler. Elle disait: "Non, non, cela me gâterait cette étrange amitié. Il faut que nous demeurions étrangers l'un à l'autre."

Quant à lui, il était certes également une sorte de Don Quichotte, car il ne fit rien pour se rapprocher d'elle. Il voulait tenir jusqu'au bout l'absurde promesse de ne lui jamais parler qu'il avait faite dans le wagon.

Souvent, pendant ses longues heures de faiblesse, elle se levait de sa chaise longue et allait entr'ouvrir son rideau pour regarder s'il était là, sous sa fenêtre. Et quand elle l'avait vu, toujours immobile sur son banc, elle revenait se coucher avec un sourire aux lèvres.

Elle mourut un matin, vers dix heures. Comme je sortais de l'hôtel, il vint à moi, le visage bouleversé; il savait déjà la nouvelle.

— Je voudrais la voir une seconde, devant vous, dit-il.

Je lui pris le bras et rentrai dans la maison.

Quand il fut devant le lit de la morte, il lui saisit la main et la baisa d'un indéterminable baiser, puis il se sauva comme un insensé.

Le docteur se tut de nouveau, et reprit:

— Voilà, certes, la plus singulière aventure de chemin de fer que je connaisse. Il faut dire aussi que les hommes sont des drôles de toqués.

Une femme murmura à mi-voix:

— Ces deux êtres-là ont été moins fous que vous ne croyez... Ils étaient... ils étaient...

Mais elle ne pouvait plus parler, tant elle pleurait. Comme on changea de conversation pour la calmer, on ne sut pas ce qu'elle voulait dire.

---

1 *dévouement prêt à tout:* unlimited devotion.

LE PARAPLUIE

Mme Oreille était économe. Elle savait la valeur d'un sou et possédait un arsenal de principes sévères sur la multiplication de l'argent. Sa bonne, assurément, avait grand mal à faire danser l'anse du panier;[1] et M. Oreille n'obtenait sa monnaie de poche qu'avec une extrême difficulté. Ils étaient à leur aise pourtant, et sans enfants; mais Mme Oreille éprouvait une vraie douleur à voir les pièces blanches sortir de chez elle. C'était comme une déchirure pour son cœur; et, chaque fois qu'il lui avait fallu faire une dépense de quelque importance, bien qu'indispensable, elle dormait fort mal la nuit suivante.

Oreille répétait sans cesse à sa femme:

— Tu devrais avoir la main plus large, puisque nous ne mangeons jamais nos revenus.

Elle répondait:

— On ne sait jamais ce qui peut arriver. Il vaut mieux avoir plus que moins.

C'était une petite femme de quarante ans, vive, ridée, propre, et souvent irritée.

Son mari, à tout moment, se plaignait des privations qu'elle lui faisait endurer. Il en était certaines qui lui devenaient particulièrement pénibles, parce qu'elles atteignaient sa vanité.

Il était commis principal au ministère de la Guerre, demeuré là uniquement pour obéir à sa femme, pour augmenter les rentes inutilisées[2] de la maison.

Or, pendant deux ans, il vint au bureau avec le même parapluie rapiécé qui donnait à rire à ses collègues. Las enfin de leurs quolibets,[3] il exigea que Mme Oreille lui achetât un nouveau parapluie. Elle en prit un de huit francs cinquante, article de réclame[4] d'un grand magasin. Des employés, en apercevant cet objet jeté dans Paris par milliers, recommencèrent leurs plaisanteries, et Oreille en souffrit horriblement. Le parapluie ne valait

---

1 *faire danser l'anse du panier:* to make anything for herself; to get any pickings.
2 *les rentes inutilisées:* the unexpended income.
3 *quolibets:* jeers; offensive jokes.
4 *article de réclame:* advertised as a special bargain.

rien. En trois mois, il fut hors de service, et la gaieté devint générale dans le Ministère. On fit même une chanson qu'on entendait du matin au soir, du haut en bas de l'immense bâtiment.

Oreille, exaspéré, ordonna à sa femme de lui choisir un nouveau riflard,[1] en soie fine, de vingt francs, et d'apporter une facture justificative.[2]

Elle en acheta un de dix-huit francs et déclara, rouge d'irritation, en le remettant à son époux:

— Tu en as là pour cinq ans au moins.

Oreille, triomphant, obtint un vrai succès au bureau.

Lorsqu'il rentra le soir, sa femme, jetant un regard inquiet sur le parapluie, lui dit:

— Tu ne devrais pas le laisser serré avec l'élastique, c'est le moyen de couper la soie. C'est à toi d'y veiller, parce que je ne t'en achèterai pas un de sitôt.

Elle le prit, dégrafa l'anneau et secoua les plis. Mais elle demeura saisie d'émotion. Un trou rond, grand comme un centime, lui apparut au milieu du parapluie. C'était une brûlure de cigare.

Elle balbutia:

— Qu'est-ce qu'il a?

Son mari répondit tranquillement, sans regarder:

— Qui? quoi? Que veux-tu dire?

La colère l'étranglait maintenant; elle ne pouvait plus parler:

— Tu... tu... tu as brûlé... ton... ton... parapluie. Mais tu... tu... tu es donc fou!... Tu veux nous ruiner!

Il se retourna, se sentant pâlir:

— Tu dis?

— Je dis que tu as brûlé ton parapluie. Tiens!...

Et, s'élançant vers lui comme pour le battre, elle lui mit violemment sous le nez la petite brûlure circulaire.

Il restait éperdu devant cette plaie, bredouillant:

— Ça, ça... qu'est-ce que c'est? Je ne sais pas, moi! Je n'ai rien fait, rien, je te le jure. Je ne sais pas ce qu'il a, moi, ce parapluie!

Elle criait maintenant:

— Je parie que tu as fait des farces avec lui dans ton bureau, que tu as fait le saltimbanque, que tu l'as ouvert pour le montrer.

1 *riflard* (colloq.): gamp.   2 *facture justificative*: invoice.

Il répondit:

— Je l'ai ouvert une seule fois pour montrer comme il était beau. Voilà tout. Je te le jure.

Mais elle trépignait de fureur, et elle lui fit une de ces scènes conjugales qui rendent le foyer familial plus redoutable pour un homme pacifique qu'un champ de bataille où pleuvent les balles.

Elle ajusta une pièce avec un morceau de soie coupé sur l'ancien parapluie, qui était de couleur différente; et, le lendemain, Oreille partit, d'un air humble, avec l'instrument raccommodé. Il le posa dans son armoire et n'y pensa plus que comme on pense à quelque mauvais souvenir.

Mais à peine fut-il rentré, le soir, sa femme lui saisit son parapluie dans les mains, l'ouvrit pour constater son état,[1] et demeura suffoquée devant un désastre irréparable. Il était criblé de petits trous provenant évidemment de brûlures, comme si on eût vidé dessus la cendre d'une pipe allumée. Il était perdu, perdu sans remède.

Elle contemplait cela sans dire un mot, trop indignée pour qu'un son pût sortir de sa gorge. Lui aussi, il constatait le dégât et il restait stupide, épouvanté, consterné.

Puis ils se regardèrent; puis il baissa les yeux; puis il reçut par la figure[2] l'objet crevé qu'elle lui jetait; puis elle cria, retrouvant sa voix dans un emportement de fureur:

— Ah! canaille! canaille! Tu en as fait exprès! Mais tu me le paieras! Tu n'en auras plus...

Et la scène recommença. Après une heure de tempête, il put enfin s'expliquer. Il jura qu'il n'y comprenait rien; que cela ne pouvait provenir que de malveillance ou de vengeance.

Un coup de sonnette le délivra. C'était un ami qui venait dîner chez eux.

Mme Oreille lui soumit le cas. Quant à acheter un nouveau parapluie, c'était fini, son mari n'en aurait plus.

L'ami argumenta avec raison:

— Alors, madame, il perdra ses habits qui valent, certes, davantage.

La petite femme, toujours furieuse, répondit:

— Alors, il prendra un parapluie de cuisine, je ne lui en donnerai pas un nouveau en soie.

---

1 *constater son état:* examine its condition.
2 *par la figure:* in the face.

A cette pensée, Oreille se révolta.

— Alors je donnerai ma démission, moi! Mais je n'irai pas au Ministère avec un parapluie de cuisine.

L'ami reprit:

— Faites recouvrir celui-là, ça ne coûte pas très cher.

Mme Oreille, exaspérée, balbutiait:

— Il faut au moins huit francs pour le faire recouvrir. Huit francs et dix-huit, cela fait vingt-six! Vingt-six francs pour un parapluie, mais c'est de la folie! c'est de la démence!

L'ami, bourgeois pauvre, eut une inspiration:

— Faites-le payer par votre Assurance. Les compagnies paient les objets brûlés, pourvu que le dégât ait eu lieu dans votre domicile.

A ce conseil, la petite femme se calma net; puis, après une minute de réflexion, elle dit à son mari:

— Demain, avant de te rendre à ton ministère, tu iras dans les bureaux de la *Maternelle* faire constater l'état de ton parapluie et réclamer le paiement.

M. Oreille eut un soubresaut.

— Jamais de la vie je n'oserai! C'est dix-huit francs de perdus, voilà tout. Nous n'en mourrons pas.

Et il sortit le lendemain avec une canne. Il faisait beau, heureusement.

Restée seule à la maison, Mme Oreille ne pouvait se consoler de la perte de ses dix-huit francs. Elle avait le parapluie sur la table de la salle à manger et elle tournait autour, sans parvenir à prendre une résolution.

La pensée de l'Assurance lui revenait à tout instant, mais elle n'osait pas non plus affronter les regards railleurs des messieurs qui la recevraient, car elle était timide devant le monde, rougissant pour un rien, embarrassée dès qu'il lui fallait parler à des inconnus.

Cependant le regret des dix-huit francs la faisait souffrir comme une blessure. Elle n'y voulait plus songer, et sans cesse le souvenir de cette perte la martelait douloureusement. Que faire cependant? Les heures passaient; elle ne se décidait à rien. Puis, tout à coup, comme les poltrons qui deviennent crânes, elle prit sa résolution:

— J'irai, et nous verrons bien!

Mais il lui fallait d'abord préparer le parapluie pour que le désastre fût complet et la cause facile à soutenir. Elle prit une

allumette sur la cheminée et fit, entre les baleines, une grande
brûlure, large comme la main; puis elle roula délicatement ce qui
restait de la soie, la fixa avec le cordelet élastique, mit son châle et
son chapeau et descendit d'un pied pressé vers la rue de Rivoli
où se trouvait l'Assurance.

Mais, à mesure qu'elle approchait, elle ralentissait le pas.
Qu'allait-elle dire? Qu'allait-on lui répondre?

Elle regardait les numéros des maisons. Elle en avait encore
vingt-huit. Très bien! elle pouvait réfléchir. Elle allait de moins
en moins vite. Soudain elle tressaillit. Voici la porte, sur laquelle
brille en lettres d'or: "*La Maternelle*, Compagnie d'Assurances
contre l'incendie." Déjà! Elle s'arrêta une seconde, anxieuse,
honteuse, puis passa, puis revint, puis passa de nouveau, puis
revint encore.

Elle se dit enfin:

— Il faut y aller, pourtant. Mieux vaut plus tôt que plus tard.

Mais, en pénétrant dans la maison, elle s'aperçut que son cœur
battait.

Elle entra dans une vaste pièce avec des guichets tout autour;
et, par chaque guichet, on apercevait une tête d'homme dont le
corps était masqué par un treillage.

Un monsieur parut, portant des papiers. Elle s'arrêta et, d'une
petite voix timide:

— Pardon, monsieur, pourriez-vous me dire où il faut s'adresser
pour se faire rembourser les objets brûlés.

Il répondit, avec un timbre sonore:

— Premier, à gauche, au bureau des sinistres.[1]

Ce mot l'intimida davantage encore; et elle eut envie de se
sauver, de ne rien dire, de sacrifier ses dix-huit francs. Mais à la
pensée de cette somme, un peu de courage lui revint, et elle monta,
essoufflée, s'arrêtant à chaque marche.

Au premier, elle aperçut une porte, elle frappa. Une voix claire
cria:

— Entrez!

Elle entra et se vit dans une grande pièce où trois messieurs,
debout, décorés, solennels, causaient:

Un d'eux lui demanda:

— Que désirez-vous, madame?

[1] *au bureau des sinistres:* at the Accidents Office.

Elle ne trouvait plus ses mots, elle bégaya :

— Je viens... je viens... pour... pour un sinistre.

Le monsieur, poli, montra un siège :

— Donnez-vous la peine de vous asseoir, je suis à vous dans une minute.

Et, retournant vers les deux autres, il reprit la conversation.

— La Compagnie, messieurs, ne se croit pas engagée envers vous pour plus de quatre cent mille francs. Nous ne pouvons admettre vos revendications pour les cent mille francs que vous prétendez nous faire payer en plus. L'estimation d'ailleurs...

Un des deux autres l'interrompit :

— Cela suffit, monsieur, les tribunaux décideront. Nous n'avons plus qu'à nous retirer.

Et ils sortirent après plusieurs saluts cérémonieux.

Oh ! si elle avait osé partir avec eux, elle l'aurait fait ; elle aurait fui, abandonnant tout ! Mais le pouvait-elle ? Le monsieur revint et, s'inclinant :

— Qu'y a-t-il pour votre service, madame ?

Elle articula péniblement :

— Je viens pour... pour ceci.

Le directeur baissa les yeux, avec un étonnement naïf, vers l'objet qu'elle lui tendait.

Elle essayait, d'une main tremblante, de détacher l'élastique. Elle y parvint après quelques efforts et ouvrit brusquement le squelette loqueteux du parapluie.

L'homme prononça, d'un ton compatissant :

— Il me paraît bien malade.

Elle déclara avec hésitation :

— Il m'a coûté vingt francs.

Il s'étonna :

— Vraiment ! Tant que ça ?

— Oui, il était excellent. Je voulais vous faire constater son état.

— Fort bien ; je vois. Fort bien. Mais je ne saisis pas en quoi cela peut me concerner.

Une inquiétude la saisit. Peut-être cette compagnie-là ne payait-elle pas les menus objets et elle dit :

— Mais... il est brûlé...

Le monsieur ne nia pas :

— Je le vois bien.

Elle restait bouche béante, ne sachant plus que dire; puis soudain, comprenant son oubli, elle prononça avec précipitation:

— Je suis Mme Oreille. Nous sommes assurés à la *Maternelle*; et je viens vous réclamer le prix de ce dégât.

Elle se hâta d'ajouter dans la crainte d'un refus positif:

— Je demande seulement que vous le fassiez recouvrir.

Le directeur, embarrassé, déclara:

— Mais... madame... nous ne sommes pas marchands de parapluies. Nous ne pouvons nous charger de ces genres de réparations.

La petite femme sentait l'aplomb lui revenir. Il fallait lutter. Elle lutterait donc! Elle n'avait plus peur; elle dit:

— Je demande seulement le prix de la réparation. Je la ferai bien faire moi-même.

Le monsieur semblait confus:

— Vraiment, madame, c'est bien peu. On ne nous demande jamais d'indemnité pour des accidents d'une si minime importance. Nous ne pouvons rembourser, convenez-en, les mouchoirs, les gants, les balais, les savates, tous les petits objets qui sont exposés chaque jour à subir des avaries par la flamme.

Elle devint rouge, sentant la colère l'envahir:

— Mais, monsieur, nous avons eu au mois de décembre dernier un feu de cheminée qui nous a causé au moins pour cinq cents francs de dégâts; M. Oreille n'a rien réclamé à la compagnie; aussi il est bien juste aujourd'hui qu'elle me paie mon parapluie!

Le directeur, devinant le mensonge, dit en souriant:

— Vous avouerez, madame, qu'il est bien étonnant que M. Oreille, n'ayant rien demandé pour un dégât de cinq cents francs, vienne réclamer une réparation de cinq ou six francs pour un parapluie.

Elle ne se troubla point et répliqua:

— Pardon, monsieur, le dégât de cinq cents francs concernait la bourse de M. Oreille, tandis que le dégât de dix-huit francs concerne la bourse de Mme Oreille, ce qui n'est pas la même chose.

Il vit qu'il ne s'en débarrasserait pas et qu'il allait perdre sa journée, et il demanda avec résignation:

— Veuillez me dire alors comment l'accident est arrivé.

Elle sentit la victoire et se mit à raconter:

— Voilà, monsieur; j'ai dans mon vestibule une espèce de chose en bronze où l'on pose les parapluies et les cannes. L'autre jour donc, en rentrant, je plaçai dedans celui-là. Il faut vous dire qu'il y a juste au-dessus une planchette pour mettre les bougies et les allumettes. J'allonge le bras et je prends quatre allumettes. J'en frotte une; elle rate. J'en frotte une autre; elle s'allume et s'éteint aussitôt. J'en frotte une troisième; elle en fait autant.

Le directeur l'interrompit pour placer un mot d'esprit:

— C'étaient donc des allumettes du gouvernement?

Elle ne comprit pas et continua:

— Ça se peut bien. Toujours est-il que la quatrième prit feu et j'allumai ma bougie; puis je rentrai dans ma chambre pour me coucher. Mais au bout d'un quart d'heure il me sembla qu'on sentait le brûlé. Moi j'ai toujours peur du feu. Oh! si nous avons jamais un sinistre, ce ne sera pas ma faute! Surtout depuis le feu de cheminée dont je vous ai parlé, je ne vis pas. Je me relève donc, je sors, je cherche, je sens partout comme un chien de chasse et je m'aperçois enfin que mon parapluie brûle. C'est probablement une allumette qui était tombée dedans. Vous voyez dans quel état ça l'a mis...

Le directeur en avait pris son parti; il demanda:

— A combien estimez-vous le dégât?

Elle demeura sans parole, n'osant pas fixer un chiffre. Puis elle dit, voulant être large:

— Faites-le réparer vous-même. Je m'en rapporte à vous.

Il refusa:

— Non, madame, je ne peux pas. Dites-moi combien vous demandez.

— Mais... il me semble que... Tenez, monsieur, je ne peux pas gagner sur vous, moi... nous allons faire une chose. Je porterai mon parapluie chez un fabricant qui le recouvrira en bonne soie, en soie durable, et je vous apporterai la facture. Ça vous va-t-il?

— Parfaitement, madame; c'est entendu. Voici un mot pour la caisse, qui remboursera votre dépense.

Et il tendit une carte à Mme Oreille, qui la saisit, puis se leva et sortit en remerciant, ayant hâte d'être dehors, de crainte qu'il ne changeât d'avis.

Elle allait maintenant d'un pas gai par la rue, cherchant un marchand de parapluies qui lui parût élégant. Quand elle eût trouvé une boutique d'allure riche, elle entra et dit, d'une voix assurée :

— Voici un parapluie à recouvrir en soie, en très bonne soie. Mettez-y ce que vous avez de meilleur. Je ne regarde pas au prix.[1]

UN COUP D'ÉTAT

Paris venait d'apprendre le désastre de Sedan. La République était proclamée. La France entière haletait au début de cette démence qui dura jusqu'après la Commune.[2] On jouait au soldat d'un bout à l'autre du pays.

Des bonnetiers étaient colonels faisant fonctions de généraux ; des revolvers et des poignards s'étalaient autour de gros ventres pacifiques enveloppés de ceintures rouges ; de petits bourgeois devenus guerriers d'occasion[3] commandaient des bataillons de volontaires braillards et juraient comme des charretiers pour se donner de la prestance.

Le seul fait de[4] tenir des armes, de manier des fusils à système[5] affolait ces gens qui n'avaient jusqu'ici manié que des balances, et les rendait, sans aucune raison, redoutables au premier venu. On exécutait des innocents pour prouver qu'on savait tuer ; on fusillait, en rôdant par les campagnes vierges encore de Prussiens, les chiens errants, les vaches ruminant[6] en paix, les chevaux malades, pâturant dans les herbages.

Chacun se croyait appelé à jouer un grand rôle militaire. Les cafés des moindres villages, pleins de commerçants en uniforme, ressemblaient à des casernes ou à des ambulances.

1 *Je ne regarde pas au prix:* price is no object. Cf. *Il regarde à deux sous:* He looks twice at every penny before he spends it.

2 *la Commune:* The revolutionary government set up in Paris after the insurrection of 18 March 1871. It was overthrown by the regular army under the orders of the Thiers government, which besieged and retook the capital in May of the same year.

3 *guerriers d'occasion:* impromptu warriors.

4 *Le seul fait de...:* The mere fact of....

5 *des fusils à système:* Service rifles.

6 *ruminant:* chewing the cud.

Le bourg de Canneville ignorait[1] encore les affolantes nouvelles de l'armée et de la capitale; mais une extrême agitation le remuait depuis un mois, les partis adverses se trouvant face à face.

Le maire, M. le vicomte de Varnetot, petit homme maigre, vieux déjà, légitimiste[2] rallié à l'Empire depuis peu, par ambition, avait vu surgir un adversaire déterminé dans le docteur Massarel, gros homme sanguin, chef du parti républicain dans l'arrondissement,[3] vénérable de la loge maçonnique du chef-lieu,[4] président de la Société d'agriculture et du banquet des pompiers,[5] et organisateur de la milice rurale qui devait sauver la contrée.

En quinze jours, il avait trouvé le moyen de décider à la défense du pays soixante-trois volontaires mariés et pères de famille, paysans prudents et marchands du bourg,[6] et il les exerçait, chaque matin, sur la place de la mairie.

Quand le maire, par hasard, venait au bâtiment communal, le commandant Massarel, bardé de pistolets, passant fièrement, le sabre en main, devant le front de sa troupe, faisait hurler à son monde: "Vive la patrie!" Et ce cri, on l'avait remarqué, agitait le petit vicomte, qui voyait là sans doute une menace, un défi, en même temps qu'un souvenir odieux de la grande Révolution.

Le 5 septembre au matin, le docteur en uniforme, son revolver sur sa table, donnait une consultation à un couple de vieux campagnards, dont l'un, le mari, atteint de varices[7] depuis sept ans, avait attendu que sa femme en eût aussi pour venir trouver le médecin, quand le facteur apporta le journal.

M. Massarel l'ouvrit, pâlit, se dressa brusquement, et, levant les bras au ciel dans un geste d'exaltation, il se mit à vociférer de toute sa voix devant les deux ruraux affolés:

— Vive la République! vive la République! vive la République!

Puis il retomba sur son fauteuil, défaillant d'émotion.

Et comme le paysan reprenait: "Ça a commencé par des fourmis

1 *ignorait:* was unaware of.

2 *légitimiste:* Legitimist, i.e. a supporter of the elder branch of the Bourbons who were dethroned in 1830 in favour of the Orleans branch.

3 *arrondissement:* electoral district and subdivision of a *département*.

4 *chef-lieu* (pl. *chefs-lieux*): chief town of the *arrondissement* or *département*.

5 *pompiers:* firemen. In France they are organised on a military basis.

6 *bourg:* market-town. It is really a large village.

7 *varices:* varicose veins.

qui me couraient censément[1] dans les jambes", le docteur Massarel s'écria:

— Fichez-moi la paix! J'ai bien le temps de m'occuper de vos bêtises. La République est proclamée, l'empereur est prisonnier, la France est sauvée. Vive la République!

Et courant à la porte, il beugla: Céleste, vite, Céleste!

La bonne épouvantée accourut; il bredouillait tant il parlait rapidement:

— Mes bottes, mon sabre, ma cartouchière et le poignard espagnol qui est sur ma table de nuit: dépêche-toi!

Comme le paysan obstiné, profitant d'un instant de silence, continuait:

— Ça a devenu comme des poches qui me faisaient mal en marchant.

Le médecin exaspéré hurla:

— Fichez-moi donc la paix, nom d'un chien! si vous vous étiez lavé les pieds, ça ne serait pas arrivé.

Puis, le saisissant au collet, il lui jeta dans la figure:[2]

— Tu ne sens donc pas que nous sommes en république, triple brute?

Mais le sentiment professionnel le calma tout aussitôt, et il poussa dehors le ménage abasourdi, en répétant:

— Revenez demain, revenez demain, mes amis. Je n'ai pas le temps aujourd'hui.

Tout en s'équipant des pieds à la tête, il donna de nouveau une série d'ordres urgents à sa bonne:

— Cours chez le lieutenant Picart et chez le sous-lieutenant Pommel, et dis-leur que je les attends ici immédiatement. Envoie-moi aussi Torchebeuf avec son tambour,[3] vite, vite!

Et quand Céleste fut sortie, il se recueillit, se préparant à surmonter les difficultés de la situation.

Les trois hommes arrivèrent ensemble, en vêtement de travail. Le commandant, qui s'attendait à les voir en tenue, eut un moment de sursaut.

— Vous ne savez donc rien, sacrebleu? L'Empereur est prison-

---

1 *censément* (fam.): "as you might say".
2 *il lui jeta dans la figure:* he barked at him.
3 *avec son tambour:* The town-crier in France beats a drum to attract attention before making his announcement.

nier, la République est proclamée. Il faut agir. Ma position est délicate, je dirai plus, périlleuse.

Il réfléchit quelques secondes devant les visages ahuris de ses subordonnés, puis reprit:

— Il faut agir et ne pas hésiter; les minutes valent des heures dans des instants pareils. Tout dépend de la promptitude des décisions. Vous, Picard, allez trouver le curé et sommez-le de sonner le tocsin pour réunir la population que je vais prévenir. Vous, Torchebeuf, battez le rappel[1] dans toute la commune jusqu'aux hameaux de la Gerisaie et de Salmare pour rassembler la milice en armes sur la place. Vous, Pommel, revêtez promptement votre uniforme, rien que la tunique et le képi. Nous allons occuper ensemble la mairie et sommer M. de Varnetot de me remettre ses pouvoirs. C'est compris?

— Oui.

— Exécutez, et promptement. Je vous accompagne jusque chez vous, Pommel, puisque nous opérons ensemble.

Cinq minutes plus tard, le commandant et son subalterne, armés jusqu'aux dents, apparaissaient sur la place juste au moment où le petit vicomte de Varnetot, les jambes guêtrées comme pour une partie de chasse, son Lefaucheux[2] sur l'épaule, débouchait à pas rapides par l'autre rue, suivi de ses trois gardes en tunique verte, le couteau sur la cuisse et le fusil en bandoulière.[3]

Pendant que le docteur s'arrêtait, stupéfait, les quatre hommes pénétrèrent dans la mairie dont la porte se referma derrière eux.

— Nous sommes devancés, murmura le médecin, il faut maintenant attendre du renfort. Rien à faire pour le quart d'heure.

Le lieutenant Picart reparut:

— Le curé a refusé d'obéir, dit-il; il s'est même enfermé dans l'église avec le bedeau et le suisse.[4]

Et, de l'autre côté de la place, en face de la mairie blanche et close, l'église, muette et noire, montrait sa grande porte de chêne garnie de ferrures de fer.

---

1 *battez le rappel:* beat a tattoo.
2 *Lefaucheux:* Inventor of a rifle then used.
3 *en bandoulière:* slung across the shoulder.
4 *le suisse:* In big churches the *suisse*, who is dressed in braided uniform, knee-breeches and cocked hat and carries a halberd, officiates at funerals and weddings by showing people to their seats, etc. Translate here: caretaker or pew-opener.

Alors, comme les habitants intrigués mettaient le nez aux fenêtres ou sortaient sur le seuil des maisons, le tambour soudain roula, et Torchebeuf apparut, battant avec fureur les trois coups précipités du rappel. Il traversa la place au pas gymnastique, puis disparut dans le chemin des champs.

Le commandant tira son sabre, s'avança seul, à moitié distance environ entre les deux bâtiments où s'était barricadé l'ennemi et, agitant son arme au-dessus de sa tête, il mugit de toute la force de ses poumons :

— Vive la République ! Mort aux traîtres !

Puis il se replia vers ses officiers.

Le boucher, le boulanger et le pharmacien, inquiets, accrochèrent leurs volets et fermèrent leurs boutiques. Seul, l'épicier demeura ouvert.

Cependant les hommes de la milice arrivaient peu à peu, vêtus diversement et tous coiffés d'un képi noir à galon rouge, le képi constituant tout l'uniforme du corps. Ils étaient armés de leurs vieux fusils rouillés, ces vieux fusils pendus depuis trente ans sur les cheminées des cuisines, et ils ressemblaient assez à un détachement de gardes-champêtres.

Lorsqu'il en eut une trentaine autour de lui, le commandant, en quelques mots, les mit au fait des événements ; puis, se tournant vers son état-major : "Maintenant, agissons", dit-il.

Les habitants se rassemblaient, examinaient et devisaient.

Le docteur eut vite arrêté son plan de campagne :

— Lieutenant Picart, vous allez vous avancer sous les fenêtres de cette mairie et sommer M. de Varnetot, au nom de la République, de me remettre la maison de ville.

Mais le lieutenant, un maître-maçon, refusa :

— Vous êtes encore un malin, vous. Pour me faire flanquer un coup de fusil, merci.[1] Ils tirent bien ceux qui sont là-dedans, vous savez. Faites vos commissions vous-même.

Le commandant devint rouge.

— Je vous ordonne d'y aller au nom de la discipline.

Le lieutenant se révolta :

— Plus souvent que je me ferai casser la figure sans savoir pourquoi.[2]

---

1 *me faire flanquer ... merci:* and get shot at? No, thank you.
2 *Plus souvent que ... pourquoi:* And get my face knocked in without knowing why? Not likely!

Les notables, rassemblés en un groupe voisin, se mirent à rire. Un d'eux cria:

— T'as raison, Picart, c'est pas l' moment!

Le docteur alors murmura:

— Lâches!

Et, déposant son sabre et son revolver aux mains d'un soldat, il s'avança d'un pas lent, l'œil fixé sur les fenêtres, s'attendant à en voir sortir un canon de fusil braqué sur lui.

Comme il n'était qu'à quelques pas du bâtiment, les portes des deux extrémités donnant entrée dans les deux écoles s'ouvrirent, et un flot de petits êtres, garçons par-ci, filles par-là, s'en échappèrent et se mirent à jouer sur la grande place vide, piaillant, comme un troupeau d'oies, autour du docteur, qui ne pouvait se faire entendre.

Aussitôt les derniers élèves sortis, les deux portes s'étaient refermées.

Le gros des marmots enfin se dispersa, et le commandant appela d'une voix forte:

— M. de Varnetot?

Une fenêtre du premier étage s'ouvrit, M. de Varnetot parut.

Le commandant reprit:

— Monsieur, vous savez les grands événements qui viennent de changer la face du gouvernement. Celui que vous représentiez n'est plus. Celui que je représente monte au pouvoir. En ces circonstances douloureuses, mais décisives, je viens vous demander, au nom de la nouvelle République, de remettre en mes mains les fonctions dont vous avez été investi par le précédent pouvoir.

M. de Varnetot répondit:

— Monsieur le docteur, je suis maire de Canneville, nommé par l'autorité compétente, et je resterai maire de Canneville tant que je n'aurai pas été révoqué et remplacé par un arrêté de mes supérieurs. Maire, je suis chez moi dans la mairie, et j'y reste. Au surplus, essayez de m'en faire sortir.

Et il referma la fenêtre.

Le commandant retourna vers sa troupe. Mais, avant de s'expliquer, toisant du haut en bas[1] le lieutenant Picart:

— Vous êtes un crâne, vous, un fameux lapin,[2] la honte de l'armée. Je vous casse de votre grade.

---

1 *toisant du haut en bas:* eyeing contemptuously.
2 *un fameux lapin:* a devil of a fellow.

Le lieutenant répondit:

— Je m'en fiche un peu.[1]

Et il alla se mêler au groupe murmurant des habitants.

Alors le docteur hésita. Que faire? Donner l'assaut? Mais ses hommes marcheraient-ils? Et puis, en avait-il le droit?

Une idée l'illumina. Il courut au télégraphe dont le bureau faisait face à la mairie, de l'autre côté de la place. Et il expédia trois dépêches:

A MM. les membres du gouvernement républicain, à Paris;

A M. le nouveau préfet[2] républicain de la Seine-Inférieure, à Rouen;

A M. le nouveau sous-préfet républicain de Dieppe.

Il exposait la situation, disait le danger couru par la commune demeurée aux mains de l'ancien maire monarchiste, offrait ses services dévoués, demandait des ordres et signait en faisant suivre son nom de tous ses titres.

Puis il revint vers son corps d'armée et, tirant dix francs de sa poche: "Tenez, mes amis, allez manger et boire un coup; laissez seulement ici un détachement de dix hommes pour que personne ne sorte de la mairie."

Mais l'ex-lieutenant Picart, qui causait avec l'horloger, entendit; il se mit à ricaner et prononça: "Pardi, s'ils sortent, ce sera une occasion d'entrer. Sans ça, je ne vous vois pas encore là-dedans, moi!"

Le docteur ne répondit pas, et il alla déjeuner.

Dans l'après-midi, il disposa des postes tout autour de la commune, comme si elle était menacée d'une surprise.

Il passa plusieurs fois devant les portes de la maison de ville et de l'église sans rien remarquer de suspect; on aurait cru vides ces deux bâtiments.

Le boucher, le boulanger et le pharmacien rouvrirent leurs boutiques.

On jasait beaucoup dans les logis. Si l'Empereur était prisonnier, il y avait quelque traîtrise là-dessous. On ne savait pas au juste laquelle des républiques était revenue.

La nuit tomba.

Vers neuf heures, le docteur s'approcha seul, sans bruit, de l'entrée du bâtiment communal, persuadé que son adversaire était

---

1 *Je m'en fiche un peu:* A lot I care.
2 *préfet:* administrative head of the *département*.

parti se coucher; et, comme il se disposait à enfoncer la porte à coups de pioche, une voix forte, celle d'un garde, demanda tout à coup:

— Qui va là?

Et M. Massarel battit en retraite à toutes jambes.

Le jour se leva sans que rien fût changé dans la situation.

La milice en armes occupait la place. Tous les habitants s'étaient réunis autour de cette troupe, attendant une solution. Ceux des villages voisins arrivaient pour voir.

Alors, le docteur, comprenant qu'il jouait sa réputation, résolut d'en finir d'une manière ou d'une autre; et il allait prendre une résolution quelconque, énergique assurément, quand la porte du télégraphe s'ouvrit et la petite servante de la directrice parut, tenant à la main deux papiers.

Elle se dirigea d'abord vers le commandant et lui remit une des dépêches; puis, traversant le milieu désert de la place, intimidée par tous les yeux fixés sur elle, baissant la tête et trottant menu,[1] elle alla frapper doucement à la maison barricadée, comme si elle eût ignoré qu'un parti armé s'y cachait.

L'huis s'entre-bâilla; une main d'homme reçut le message, et la fillette revint, toute rouge, prête à pleurer, d'être dévisagée[2] ainsi par le pays entier.

Le docteur demanda d'une voix vibrante:

— Un peu de silence, s'il vous plaît.

Et comme le populaire[3] s'était tu, il reprit fièrement:

— Voici la communication que je reçois du gouvernement.

Et, élevant sa dépêche, il ' .t:

"Ancien maire révoqué. Veuillez aviser au plus pressé. Recevrez instructions ultérieures.

"*Pour le sous-préfet*,

"Sapin, conseiller."

Il triomphait: son cœur battait de joie; ses mains tremblaient, mais Picart, son ancien subalterne, lui cria d'un groupe voisin:

— C'est bon, tout ça; mais si les autres ne sortent pas, ça vous fait une belle jambe,[4] votre papier.

---

1 *trottant menu:* tripping along: taking small steps.
2 *dévisagé:* stared at.   3 *le populaire:* the mob.
4 *ça vous fait une belle jambe:* (Fam.) a fat lot of good it does you.

Et M. Massarel pâlit. Si les autres ne sortaient pas, en effet, il fallait aller de l'avant maintenant. C'était non seulement son droit, mais aussi son devoir.

Et il regardait anxieusement la mairie, espérant qu'il allait voir la porte s'ouvrir et son adversaire se replier.

La porte restait fermée. Que faire? la foule augmentait, se serrait autour de la milice. On riait.

Une réflexion surtout torturait le médecin. S'il donnait l'assaut, il faudrait marcher à la tête de ses hommes; et comme, lui mort, toute contestation cesserait, c'était sur lui, sur lui seul que tireraient M. de Varnetot et ses trois gardes. Et ils tiraient bien; très bien; Picart venait encore de le lui répéter. Mais une idée l'illumina et, se tournant vers Pommel:

— Allez vite prier le pharmacien de me prêter une serviette et un bâton.

Le lieutenant se précipita.

Il allait faire un drapeau parlementaire,[1] un drapeau blanc dont la vue réjouirait peut-être le cœur légitimiste de l'ancien maire.

Pommel revint avec le linge demandé et un manche à balai. Au moyen de ficelles, on organisa cet étendard que M. Massarel saisit à deux mains; et il s'avança de nouveau vers la mairie en le tenant devant lui. Lorsqu'il fut en face de la porte, il appela encore: "Monsieur de Varnetot." La porte s'ouvrit soudain, et M. de Varnetot apparut sur le seuil avec ses trois gardes.

Le docteur recula par un mouvement instinctif; puis, il salua courtoisement son ennemi et prononça, étranglé par l'émotion: "Je viens, Monsieur, vous communiquer les instructions que j'ai reçues."

Le gentilhomme, sans lui rendre son salut, répondit: "Je me retire, Monsieur, mais sachez bien que ce n'est ni par crainte, ni par obéissance à l'odieux gouvernement qui usurpe le pouvoir." Et, appuyant sur chaque mot, il déclara: "Je ne veux pas avoir l'air de servir un seul jour la République. Voilà tout."

Massarel, interdit, ne répondit rien; et M. de Varnetot, se mettant en marche d'un pas rapide, disparut au coin de la place, suivi toujours de son escorte.

Alors le docteur, éperdu d'orgueil, revint vers la foule. Dès

1 *drapeau parlementaire:* flag of truce.

qu'il fut assez près pour se faire entendre, il cria: "Hurrah! hurrah! La République triomphe sur toute la ligne."

Aucune émotion ne se manifesta.

Le médecin reprit: "Le peuple est libre, vous êtes libres, indépendants. Soyez fiers!"

Les villageois inertes le regardaient sans qu'aucune gloire illuminât leurs yeux.

A son tour, il les contempla, indigné de leur indifférence, cherchant ce qu'il pourrait dire, ce qu'il pourrait faire pour frapper un grand coup, électriser ce pays placide, remplir sa mission d'initiateur.

Mais une inspiration l'envahit et, se tournant vers Pommel: "Lieutenant, allez chercher le buste de l'ex-empereur qui est dans la salle des délibérations du conseil municipal, et apportez-le avec une chaise."

Et bientôt l'homme reparut portant sur l'épaule droite le Bonaparte de plâtre, et tenant de la main gauche une chaise de paille.

M. Massarel vint au-devant de lui, prit la chaise, la posa par terre, plaça dessus le buste blanc, puis se reculant de quelques pas, l'interpella d'une voix sonore:

"Tyran, tyran, te voici tombé, tombé dans la boue, tombé dans la fange. La patrie expirante râlait sous ta botte. Le Destin vengeur t'a frappé. La défaite et la honte se sont attachées à toi; tu tombes vaincu, prisonnier du Prussien; et, sur les ruines de ton empire croulant, la jeune et radieuse République se dresse, ramassant ton épée brisée..."

Il attendait des applaudissements. Aucun cri, aucun battement de mains n'éclata. Les paysans effarés se taisaient; et le buste aux moustaches pointues qui dépassaient les joues de chaque côté, le buste immobile et bien peigné comme une enseigne de coiffeur, semblait regarder M. Massarel avec son sourire de plâtre, un sourire ineffaçable et moqueur.

Ils demeuraient ainsi face à face, Napoléon sur la chaise, le médecin debout, à trois pas de lui. Une colère saisit le commandant. Mais que faire? que faire pour émouvoir[1] ce peuple et gagner définitivement cette victoire de l'opinion?

Sa main, par hasard, se posa sur son ventre, et il rencontra, sous sa ceinture rouge, la crosse de son revolver.

1 *émouvoir:* excite.

Aucune inspiration, aucune parole ne lui venaient plus. Alors, il tira son arme, fit deux pas et, à bout portant,[1] foudroya l'ancien monarque.

La balle creusa dans le front un petit trou noir, pareil à une tache, presque rien. L'effet était manqué. M. Massarel tira un second coup, qui fit un second trou, puis un troisième, puis, sans s'arrêter, il lâcha les trois derniers. Le front de Napoléon volait en poussière blanche, mais les yeux, le nez et les fines pointes de moustaches restaient intacts.

Alors, exaspéré, le docteur renversa la chaise d'un coup de poing et, appuyant un pied sur le reste du buste, dans une position de triomphateur, il se tourna vers le public abasourdi en vociférant : "Périssent ainsi tous les traîtres !"

Mais comme aucun enthousiasme ne se manifestait encore, comme les spectateurs semblaient stupides d'étonnement, le commandant cria aux hommes de la milice : "Vous pouvez maintenant regagner vos foyers." Et il se dirigea lui-même à grands pas vers sa maison, comme s'il eût fui.

Sa bonne, dès qu'il parut, lui dit que des malades l'attendaient depuis plus de trois heures dans son cabinet. Il y courut. C'étaient les deux paysans aux varices, revenus dès l'aube,[2] obstinés et patients.

Et le vieux aussitôt reprit son explication :

"Ça a commencé par des fourmis qui me couraient censément le long des jambes..."

1 *à bout portant :* point blank.   2 *dès l'aube :* soon after dawn.

UN LÂCHE

On l'appelait dans le monde : le "beau Signoles". Il se nommait le vicomte Gontran-Joseph de Signoles.

Orphelin et maître d'une fortune suffisante, il faisait figure,[1] comme on dit. Il avait de la tournure et de l'allure, assez de parole pour faire croire à de l'esprit, une certaine grâce naturelle, un air de noblesse et de fierté, la moustache brave et l'œil doux, ce qui plaît aux femmes.

Il était demandé dans les salons, recherché par les valseuses, et il inspirait aux hommes cette inimitié souriante qu'on a pour les gens de figure énergique. On lui avait soupçonné quelques amours capables de donner fort bonne opinion d'un garçon. Il vivait heureux, tranquille, dans le bien-être moral le plus complet. On savait qu'il tirait bien l'épée et mieux encore le pistolet.

— Quand je me battrai, disait-il, je choisirai le pistolet. Avec cette arme, je suis sûr de tuer mon homme.

Or, un soir, comme il avait accompagné au théâtre deux jeunes femmes de ses amies, escortées d'ailleurs de leurs époux, il leur offrit, après le spectacle, de prendre une glace chez Tortoni. Ils étaient entrés depuis quelques minutes, quand il s'aperçut qu'un monsieur assis à une table voisine regardait avec obstination une de ses voisines. Elle semblait gênée, inquiète, baissait la tête. Enfin elle dit à son mari :

— Voici un homme qui me dévisage. Moi, je ne le connais pas ; le connais-tu ?

Le mari, qui n'avait rien vu, leva les yeux mais déclara :

— Non, pas du tout.

La jeune femme reprit, moitié souriante, moitié fâchée :

— C'est fort gênant ; cet individu me gâte ma glace.

Le mari haussa les épaules :

— Bast ! n'y fais pas attention. S'il fallait s'occuper de tous les insolents qu'on rencontre, on n'en finirait pas.[2]

---

1 *il faisait figure* (colloq.): he cut a dash; he was quite a lad.
2 *on n'en finirait pas :* there would be no end to it.

Mais le vicomte s'était levé brusquement. Il ne pouvait admettre que cet inconnu gâtât une glace qu'il avait offerte. C'était à lui que l'injure s'adressait, puisque c'était par lui et pour lui que ses amis étaient entrés dans ce café. L'affaire donc ne regardait que lui.

Il s'avança vers l'homme et lui dit:

— Vous avez, Monsieur, une manière de regarder ces dames que je ne puis tolérer. Je vous prie de vouloir bien cesser cette insistance.

L'autre répliqua:

— Vous allez me ficher la paix, vous.

Le vicomte déclara, les dents serrées:

— Prenez garde, Monsieur, vous allez me forcer à passer la mesure.[1]

Le monsieur ne répondit qu'un mot, un mot ordurier qui sonna d'un bout à l'autre du café, et fit, comme par l'effet d'un ressort, accomplir à chaque consommateur un mouvement brusque. Tous ceux qui tournaient le dos se retournèrent; tous les autres levèrent la tête; trois garçons pivotèrent sur leurs talons comme des toupies; les deux dames du comptoir eurent un sursaut, puis une conversion du torse entier, comme si elles eussent été deux automates obéissant à la même manivelle.

Un grand silence s'était fait. Puis, tout à coup, un bruit sec claqua dans l'air. Le vicomte avait giflé son adversaire. Tout le monde se leva pour s'interposer. Des cartes furent échangées.

Quand le vicomte fut rentré chez lui, il marcha pendant quelques minutes à grands pas vifs, à travers sa chambre. Il était trop agité pour réfléchir à rien. Une seule idée planait sur son esprit: "un duel", sans que cette idée éveillât encore en lui une émotion quelconque. Il avait fait ce qu'il devait faire; il s'était montré ce qu'il devait être. On en parlerait, on l'approuverait, on le féliciterait. Il répétait à voix haute, parlant comme on parle dans les grands troubles de pensée:

— Quelle brute que cet homme!

Puis il s'assit et se mit à réfléchir. Il lui fallait, dès le matin,[2] trouver des témoins. Qui choisirait-il? Il cherchait les gens les plus posés et les plus célèbres de sa connaissance. Il prit enfin le

1 *passer la mesure:* to forget myself; to go to extremes.
2 *dès le matin:* the very next morning.

marquis de La Tour-Noire et le colonel Bourdin, un grand
seigneur et un soldat, c'était fort bien. Leurs noms porteraient[1]
dans les journaux. Il s'aperçut qu'il avait soif et il but, coup sur
coup, trois verres d'eau; puis il se remit à marcher. Il se sentait
plein d'énergie. En se montrant crâne, résolu à tout, et en exigeant
des conditions rigoureuses, dangereuses, en réclamant un duel
sérieux, très sérieux, terrible, son adversaire reculerait probablement et ferait des excuses.

Il reprit la carte qu'il avait tirée de sa poche et jetée sur sa table
et il la relut comme il l'avait déjà lue, au café, d'un coup d'œil et,
dans le fiacre, à la lueur de chaque bec de gaz, en revenant.
"Georges Lamil, 51, rue Moncey." Rien de plus.

Il examinait ces lettres assemblées qui lui paraissaient mystérieuses, pleines de sens confus: Georges Lamil! Qui était cet
homme? Que faisait-il? Pourquoi avait-il regardé cette femme
d'une pareille façon? N'était-ce pas révoltant qu'un étranger, un
inconnu, vînt troubler ainsi votre vie, tout d'un coup, parce qu'il
lui avait plu de fixer insolemment les yeux sur une femme? Et le
vicomte répéta encore une fois, à haute voix:

— Quelle brute!

Puis il demeura immobile, debout, songeant, le regard toujours
planté sur la carte. Une colère s'éveillait en lui contre ce morceau
de papier, une colère haineuse où se mêlait un étrange sentiment
de malaise. C'était stupide, cette histoire-là! Il prit un canif
ouvert sous sa main et le piqua au milieu du nom imprimé, comme
s'il eût poignardé quelqu'un.

Donc il fallait se battre! Choisirait-il l'épée ou le pistolet, car il
se considérait bien comme l'insulté. Avec l'épée, il risquait moins;
mais avec le pistolet il avait chance de faire reculer son adversaire.
Il est bien rare qu'un duel à l'épée soit mortel, une prudence
réciproque empêchant les combattants de se tenir en garde assez
près l'un de l'autre pour qu'une pointe entre profondément. Avec
le pistolet il risquait sa vie sérieusement, mais il pouvait aussi se
tirer d'affaire avec tous les honneurs de la situation et sans arriver
à une rencontre.

Il prononça:

— Il faut être ferme. Il aura peur.

Le son de sa voix le fit tressaillir et il regarda autour de lui. Il

[1] *porteraient:* would look well.

se sentait fort nerveux. Il but encore un verre d'eau, puis commença à se dévêtir pour se coucher.

Dès qu'il fut au lit il souffla sa lumière et ferma les yeux.

Il pensait:

— J'ai toute la journée de demain pour m'occuper de mes affaires. Dormons d'abord afin d'être calme.

Il avait très chaud dans ses draps, mais il ne pouvait parvenir à s'assoupir. Il se tournait et se retournait, demeurait cinq minutes sur le dos, puis se plaçait sur le côté gauche, puis se roulait sur le côté droit.

Il avait encore soif. Il se releva pour boire. Puis une inquiétude le saisit:

— Est-ce que j'aurais peur?[1]

Pourquoi son cœur se mettait-il à battre follement à chaque bruit connu de sa chambre? Quand la pendule allait sonner, le petit grincement du ressort qui se dresse lui faisait faire un sursaut; et il lui fallait ouvrir la bouche pour respirer ensuite pendant quelques secondes, tant il demeurait oppressé.

Il se mit à raisonner avec lui-même sur la possibilité de cette chose:

— Aurais-je peur?

Non certes, il n'aurait pas peur, puisqu'il était résolu à aller jusqu'au bout, puisqu'il avait cette volonté bien arrêtée de se battre, de ne pas trembler. Mais il se sentait si profondément troublé qu'il se demanda:

— Peut-on avoir peur, malgré soi?

Et ce doute l'envahit, cette inquiétude, cette épouvante; si une force plus puissante que sa volonté, dominatrice, irrésistible, le domptait, qu'arriverait-il? Oui, que pouvait-il arriver? Certes, il irait sur le terrain, puisqu'il voulait y aller. Mais s'il tremblait? Mais s'il perdait connaissance? Et il songea à sa situation, à sa réputation, à son nom.

Et un singulier besoin le prit tout à coup de se relever pour se regarder dans la glace. Il ralluma sa bougie. Quand il aperçut son visage reflété dans le verre poli, il se reconnut à peine, et il lui sembla qu'il ne s'était jamais vu. Ses yeux lui parurent énormes; et il était pâle, certes, et il était pâle, très pâle.

Il restait debout en face du miroir. Il tira la langue comme pour constater l'état de sa santé, et tout d'un coup cette pensée entra en lui à la façon d'une balle:

1 *Est-ce que j'aurais peur?* Am I perhaps afraid?

— Après-demain, à cette heure-ci, je serai peut-être mort.

Et son cœur se mit à battre furieusement.

— Après-demain, à cette heure-ci, je serai peut-être mort. Cette personne en face de moi, ce moi que je vois dans cette glace, ne sera plus. Comment! me voici, je me regarde, je me sens vivre, et dans vingt-quatre heures je serai couché dans ce lit, mort, les yeux fermés, froid, inanimé, disparu.

Il se retourna vers la couche et il se vit distinctement étendu sur le dos dans ces mêmes draps qu'il venait de quitter. Il avait ce visage creux qu'ont les morts et cette mollesse des mains qui ne remueront plus.

Alors il eut peur de son lit et, pour ne plus le regarder, il passa dans son fumoir. Il prit machinalement un cigare, l'alluma et se remit à marcher. Il avait froid; il alla vers la sonnette pour réveiller son valet de chambre; mais il s'arrêta, la main levée vers le cordon:

— Cet homme va s'apercevoir que j'ai peur.

Et il ne sonna pas, il fit du feu. Ses mains tremblaient un peu, d'un frémissement nerveux, quand elles touchaient les objets. Sa tête s'égarait; ses pensées troubles, devenaient fuyantes, brusques, douloureuses, une ivresse envahissait son esprit comme s'il eût bu.

Et sans cesse il se demandait:

— Que vais-je faire? Que vais-je devenir?

Tout son corps vibrait, parcouru de tressaillements saccadés; il se releva et, s'approchant de la fenêtre, ouvrit les rideaux.

Le jour venait, un jour d'été. Le ciel rose faisait rose la ville, les toits et les murs. Une grande tombée de lumière tendue, pareille à une caresse du soleil levant, enveloppait le monde réveillé; et, avec cette lueur, un espoir gai, rapide, brutal, envahit le cœur du vicomte! Était-il fou de s'être laissé ainsi terrasser par la crainte, avant même que rien fût décidé, avant que ses témoins eussent vu ceux de ce Georges Lamil, avant qu'il sût encore s'il allait seulement se battre?

Il fit sa toilette, s'habilla et sortit d'un pas ferme.

Il se répétait, tout en marchant:

— Il faut que je sois énergique, très énergique. Il faut que je prouve que je n'ai pas peur.

Ses témoins, le marquis et le colonel, se mirent à sa disposition, et après lui avoir serré énergiquement les mains, discutèrent les conditions.

Le colonel demanda:

— Vous voulez un duel sérieux?

Le vicomte répondit:

— Très sérieux.

Le marquis reprit:

— Vous tenez au pistolet?

— Oui.

— Nous laissez-vous libres de régler le reste?

Le vicomte articula d'une voix sèche, saccadée:

— Vingt pas, au commandement, en levant l'arme au lieu de l'abaisser. Échange de balles jusqu'à blessure grave.

Le colonel déclara d'un ton satisfait:

— Ce sont des conditions excellentes. Vous tirez bien, toutes les chances sont pour vous.

Et ils partirent. Le vicomte rentra chez lui pour les attendre. Son agitation, apaisée un moment, grandissait maintenant de minute en minute. Il se sentait le long des bras, le long des jambes, dans la poitrine, une sorte de frémissement, de vibration continue; il ne pouvait tenir en place, ni assis, ni debout. Il n'avait plus dans la bouche une apparence de salive, et il faisait à tout instant un mouvement bruyant de la langue, comme pour la décoller de son palais.[1]

Il voulut déjeuner, mais il ne put manger. Alors l'idée lui vint de boire pour se donner du courage, et il se fit apporter un carafon de rhum dont il avala, coup sur coup, six petits verres.

Une chaleur, pareille à une brûlure, l'envahit, suivie aussitôt d'un étourdissement de l'âme. Il pensa:

— Je tiens le moyen. Maintenant ça va bien.

Mais au bout d'une heure il avait vidé le carafon, et son état d'agitation redevenait intolérable. Il sentait un besoin fou de se rouler par terre, de crier, de mordre. Le soir tombait.

Un coup de timbre lui donna une telle suffocation qu'il n'eut pas la force de se lever pour recevoir ses témoins.

Il n'osait même plus leur parler, leur dire "bonjour", prononcer un seul mot, de crainte qu'ils ne devinassent tout à l'altération de sa voix.

[1] *palais:* palate.

Le colonel prononça:

— Tout est réglé aux conditions que vous avez fixées. Votre adversaire réclamait d'abord les privilèges d'offensé, mais il a cédé presque aussitôt et a tout accepté. Ses témoins sont deux militaires.

Le vicomte prononça:

— Merci.

Le marquis reprit:

— Excusez-nous si nous ne faisons qu'entrer et sortir,[1] mais nous avons encore à nous occuper de mille choses. Il faut un bon médecin, puisque le combat ne cessera qu'après blessure grave, et vous savez que les balles ne badinent pas. Il faut désigner l'endroit, à proximité d'une maison pour y porter le blessé si c'est nécessaire, etc.; enfin, nous en avons encore pour deux ou trois heures.

Le vicomte articula une seconde fois:

— Merci.

Le colonel demanda:

— Vous allez bien? vous êtes calme?

— Oui, très calme, merci.

Les deux hommes se retirèrent.

Quand il se sentit seul de nouveau, il lui sembla qu'il devenait fou. Son domestique ayant allumé les lampes, il s'assit devant sa table pour écrire des lettres. Après avoir tracé, au haut d'une page: "Ceci est mon testament..." il se releva d'une secousse et s'éloigna, se sentant incapable d'unir deux idées, de prendre une résolution, de décider quoi que ce fût.

Ainsi, il allait se battre! Il ne pouvait plus éviter cela. Que se passait-il donc en lui? Il voulait se battre, il avait cette intention et cette résolution fermement arrêtées; et il sentait bien, malgré tout l'effort de son esprit et toute la tension de sa volonté, qu'il ne pourrait même conserver la force nécessaire pour aller jusqu'au lieu de la rencontre. Il cherchait à se figurer le combat, son attitude à lui et la tenue de son adversaire.

De temps en temps, ses dents s'entre-choquaient dans sa bouche avec un petit bruit sec. Il voulut lire, et prit le code du duel de Châteauvillard. Puis il se demanda:

— Mon adversaire a-t-il fréquenté les tirs? Est-il connu? Est-il classé? Comment le savoir?

1 *si nous ne faisons qu'entrer et sortir:* if we just look in.

Il se souvint du livre du baron de Vaux sur les tireurs au pistolet, et il le parcourut d'un bout à l'autre. Georges Lamil n'y était pas nommé. Mais cependant si cet homme n'était pas un tireur, il n'aurait pas accepté immédiatement cette arme dangereuse et ces conditions mortelles?

Il ouvrit, en passant, une boîte de Gastinne Renette posée sur un guéridon, et prit un des pistolets, puis il se plaça comme pour tirer et leva le bras. Mais il tremblait des pieds à la tête et le canon remuait dans tous les sens.

Alors, il se dit:

— C'est impossible. Je ne puis me battre ainsi.

Il regardait au bout du canon ce petit trou noir et profond qui crache la mort, il songeait au déshonneur, aux chuchotements dans les cercles, aux rires dans les salons, au mépris des femmes, aux allusions des journaux, aux insultes que lui jetteraient les lâches.

Il regardait toujours l'arme, et, levant le chien, il vit soudain une amorce briller dessous comme une petite flamme rouge. Le pistolet était demeuré chargé, par hasard, par oubli. Et il éprouva de cela une joie confuse, inexplicable.

S'il n'avait pas, devant l'autre, la tenue noble et calme qu'il faut, il serait perdu à tout jamais. Il serait taché, marqué d'un signe d'infamie, chassé du monde! Et cette tenue calme et crâne,[1] il ne l'aurait pas, il le savait, il le sentait. Pourtant il était brave, puisque... La pensée qui l'effleura ne s'acheva même pas dans son esprit; mais, ouvrant la bouche toute grande, il s'enfonça brusquement, jusqu'au fond de la gorge, le canon de son pistolet, et il appuya sur la gâchette...

Quand son valet de chambre accourut, attiré par la détonation, il le trouva mort, sur le dos. Un jet de sang avait éclaboussé le papier blanc sur la table et faisait une grande tache rouge au-dessous de ces quatre mots:

"Ceci est mon testament."

---

1 *cette tenue calme et crâne:* that cool, daring manner.

LA QUESTION DU LATIN

Cette question du latin, dont on nous abrutit depuis quelque temps, me rappelle une histoire, une histoire de ma jeunesse.

Je finissais mes études chez un marchand de soupe,[1] d'une grande ville du Centre, à l'Institution Robineau, célèbre dans toute la province par la force des études latines qu'on y faisait.

Depuis dix ans, l'Institution Robineau battait, à tous les concours, le Lycée impérial de la ville et tous les collègues des sous-préfectures, et ses succès constants étaient dus, disait-on, à un pion, un simple pion, M. Piquedent, ou plutôt le père Piquedent.

C'était un de ces demi-vieux tout gris, dont il est impossible de connaître l'âge et dont on devine l'histoire à première vue. Entré comme pion à vingt ans dans une institution quelconque, afin de pouvoir pousser ses études jusqu'à la licence ès lettres d'abord, et jusqu'au doctorat ensuite, il s'était trouvé engrené[2] de telle sorte dans cette vie sinistre qu'il était resté pion toute sa vie. Mais son amour pour le latin ne l'avait pas quitté et le harcelait à la façon d'une passion malsaine. Il continuait à lire les poètes, les prosateurs, les historiens, à les interpréter, à les commenter, avec une persévérance qui touchait à la manie.

Un jour, l'idée lui vint de forcer tous les élèves de son étude à ne lui répondre qu'en latin; et il persista dans cette résolution, jusqu'au moment où ils furent capables de soutenir avec lui une conversation entière comme ils l'eussent fait dans leur langue maternelle.

Il les écoutait ainsi qu'un chef d'orchestre écoute répéter ses musiciens, et à tout moment frappant son pupitre de sa règle:

— Monsieur Lefrère, monsieur Lefrère, vous faites un solécisme! Vous ne vous rappelez donc pas la règle?...

— Monsieur Plantel, votre tournure de phrase est toute française et nullement latine. Il faut comprendre le génie d'une langue. Tenez, écoutez-moi...

1 *un marchand de soupe* (colloq.): head of a cheap boarding-school; a regular Squeers. Translate here: at a crammer's.
2 *engrené:* caught up; entangled.

Or, il arriva que les élèves de l'Institution Robineau empor-
tèrent, en fin d'année, tous les prix de thème, version et discours
latins.[1]

L'an suivant, le patron, un petit homme rusé comme un singe,
dont il avait d'ailleurs le physique grimaçant et grotesque, fit
imprimer sur ses programmes, sur ses réclames et peindre sur la
porte de son Institution:

"Spécialité d'études latines. — Cinq premiers prix remportés
dans les cinq classes du Lycée.

"Deux prix d'honneur au concours général avec tous les lycées
et collèges de France."

Pendant dix ans l'Institution Robineau triompha de la même
façon. Or, mon père, alléché par ces succès, me mit comme
externe chez ce Robineau que nous appelions Robinetto ou
Robinettino, et me fit prendre des répétitions spéciales avec le
père Piquedent, moyennant cinq francs l'heure, sur lesquels le
pion touchait deux francs et le patron trois francs. J'avais alors
dix-huit ans et j'étais en philosophie.[2]

Ces répétitions[3] avaient lieu dans une petite chambre qui donnait sur[4] la rue. Il advint que le père Piquedent, au lieu de me
parler latin, comme il faisait à l'étude,[5] me raconta ses chagrins en
français. Sans parents, sans amis, le pauvre bonhomme me prit
en affection et versa dans mon cœur sa misère.

Jamais depuis dix ou quinze ans il n'avait causé seul à seul avec
quelqu'un.

— Je suis comme un chêne dans un désert, disait-il. *Sicut
quercus in solitudine.*

Les autres pions le dégoûtaient; il ne connaissait personne en
ville, puisqu'il n'avait aucune liberté pour se faire des relations.

— Pas même les nuits, mon ami, et c'est le plus dur pour moi.
Tout mon rêve serait d'avoir une chambre avec mes meubles, mes
livres, de petites choses qui m'appartiendraient et auxquelles les
autres ne pourraient pas toucher. Et je n'ai rien à moi, rien que
ma culotte et ma redingote, rien, pas même mon matelas et mon
oreiller! Je n'ai pas quatre murs où m'enfermer, excepté quand

1 *prix de thème...latins:* the prizes for Latin proses, translations and
addresses.

2 *en philosophie:* i.e. in the highest form.

3 *répétitions:* private lessons.

4 *donnait sur:* looked on to.   5 *l'étude:* "prep" room.

je viens pour donner une leçon dans cette chambre. Comprenez-vous ça, vous; un homme qui passe toute sa vie sans avoir jamais le droit, sans trouver jamais le temps de s'enfermer tout seul, n'importe où, pour penser, pour réfléchir, pour travailler, pour rêver? Ah! mon cher, une clef, la clef d'une porte qu'on peut fermer, voilà le bonheur, le voilà, le seul bonheur!

Ici, pendant le jour, l'étude avec tous ces galopins qui remuent, et, pendant la nuit, le dortoir avec ces mêmes galopins qui ronflent. Et je dors dans un lit public au bout des deux files de ces lits de polissons que je dois surveiller. Je ne peux jamais être seul, jamais! Si je sors, je trouve la rue pleine de monde, et quand je suis fatigué de marcher, j'entre dans un café plein de fumeurs et de joueurs de billard. Je vous dis que c'est un bagne.

Je lui demandais:

— Pourquoi n'avez-vous pas fait autre chose, monsieur Pique-dent?

Il s'écriait:

— Eh quoi, mon petit ami, quoi? Je ne suis ni bottier, ni menuisier, ni chapelier, ni boulanger, ni coiffeur. Je ne sais que le latin, moi, et je n'ai pas de diplôme qui me permette de le vendre cher. Si j'étais docteur, je vendrais cent francs ce que je vends cent sous; et je le fournirais sans doute de moins bonne qualité, car mon titre suffirait à soutenir ma réputation.

Parfois il me disait:

— Je n'ai de repos dans la vie que les heures passées avec vous. Ne craignez rien, vous n'y perdrez pas. A l'étude, je me rat-traperai[1] en vous faisant parler deux fois plus que les autres.

Un jour je m'enhardis, et je lui offris une cigarette. Il me contempla d'abord avec stupeur, puis il regarda la porte:

— Si on entrait, mon cher!

— Eh bien, fumons à la fenêtre, lui dis-je.

Et nous allâmes nous accouder à la fenêtre sur la rue, en cachant au fond de nos mains arrondies en coquille les minces rouleaux de tabac.

En face de nous était une boutique de repasseuses:[2] quatre femmes en caraco blanc promenaient sur le linge, étalé devant elles, le fer lourd et chaud, qui dégageait une buée.

1 *je me rattraperai:* I'll make up for it.
2 *repasseuses:* laundresses.

Tout à coup une autre, une cinquième, portant au bras un large panier qui lui faisait plier la taille, sortit pour aller rendre aux clients leurs chemises, leurs mouchoirs et leurs draps. Elle s'arrêta sur la porte comme si elle eût été fatiguée déjà; puis elle leva les yeux, sourit en nous voyant fumer, nous jeta, de sa main restée libre, un baiser narquois d'ouvrière insouciante; et elle s'en alla d'un pas lent, en traînant ses chaussures.

C'était une fille de vingt ans, petite, un peu maigre, pâle, assez jolie, l'air gamin, les yeux rieurs sous des cheveux blonds mal peignés.

Le père Piquedent, ému, murmura:

— Quel métier pour une femme! Un vrai métier de cheval.

Et il s'attendrit sur la misère du peuple. Il avait un cœur exalté de démocrate sentimental et il parlait des fatigues ouvrières avec des phrases de Jean-Jacques Rousseau et des larmoiements dans la gorge.

Le lendemain, comme nous étions accoudés à la même fenêtre, la même ouvrière nous aperçut et nous cria: "Bonjour, les écoliers!" d'une petite voix drôle, en nous faisant la nique avec ses mains.

Je lui jetai aussitôt une cigarette, qu'elle se mit aussitôt à fumer. Et les quatre autres repasseuses se précipitèrent sur la porte, les mains tendues, afin d'en avoir aussi.

Et, chaque jour, un commerce d'amitié s'établit entre les travailleuses du trottoir et les fainéants de la pension.

Le père Piquedent était vraiment comique à voir. Il tremblait d'être aperçu, car il aurait pu perdre sa place, et il faisait des gestes timides et farces, toute une mimique d'amoureux sur la scène, à laquelle les femmes répondaient par une mitraille de baisers.[1]

Une idée perfide me germait dans la tête. Un jour, en entrant dans notre chambre, je dis, tout bas, au vieux pion:

— Vous ne croiriez pas, monsieur Piquedent, j'ai rencontré la petite blanchisseuse! Vous savez bien, celle au premier, et je lui ai parlé!

Il demanda, un peu troublé par le ton que j'avais pris:

— Que vous a-t-elle dit?

— Elle m'a dit... mon Dieu... elle m'a dit... qu'elle vous trouvait très bien... Au fond, je crois... je crois... qu'elle est un peu amoureuse de vous...

1 *une mitraille de baisers:* a hail of kisses.

Je le vis pâlir; il reprit:

— Elle se moque de moi, sans doute. Ces choses-là n'arrivent pas à mon âge.

Je dis gravement:

— Pourquoi donc? Vous êtes très bien!

Comme je le sentais touché par ma ruse, je n'insistai pas.

Mais, chaque jour, je prétendis avoir rencontré la petite et lui avoir parlé de lui; si bien qu'il finit par me croire et par envoyer à l'ouvrière des baisers ardents et convaincus.

Or, il arriva qu'un matin, en me rendant à la pension, je la rencontrai vraiment. Je l'abordai sans hésiter comme si je la connaissais depuis dix ans.

— Bonjour, Mademoiselle. Vous allez bien?

— Fort bien, Monsieur, je vous remercie.

— Voulez-vous une cigarette?

— Oh! pas dans la rue.

— Vous la fumerez chez vous.

— Alors, je veux bien.

— Dites donc, Mademoiselle, vous ne savez pas?

— Quoi donc, Monsieur?

— Le vieux, mon vieux professeur...

— Le père Piquedent?

— Oui, le père Piquedent. Vous savez donc son nom?

— Parbleu! Eh bien?

— Eh bien, il est amoureux de vous!

Elle se mit à rire et s'écria:

— C' te blague![1]

— Mais non, ce n'est pas une blague. Il me parle de vous tout le temps des leçons. Je parie qu'il vous épousera, moi!

Elle cessa de rire. L'idée du mariage rend grave toutes les filles. Puis elle répéta incrédule:

— C' te blague!

— Je vous jure que c'est vrai.

Elle ramassa son panier posé devant ses pieds:

— Eh bien! nous verrons, dit-elle.

Et elle s'en alla.

Aussitôt entré à la pension, je pris à part le père Piquedent:

— Il faut lui écrire; elle est folle de vous.

1 *C' te blague:* Go on!

Et il écrivit une longue lettre doucement tendre, pleine de phrases et de périphrases, de métaphores et de comparaisons, de philosophie et de galanterie universitaire, un vrai chef-d'œuvre de grâce burlesque, que je me chargeai de remettre à la jeune personne.

Elle la lut avec gravité, avec émotion, puis elle murmura:

— Comme il écrit bien! On voit qu'il a reçu de l'éducation. C'est-il vrai qu'il m'épouserait?

Je répondis intrépidement:

— Parbleu! Il en perd la tête.

— Alors il faut qu'il m'invite à dîner dimanche à l'île des Fleurs.

Je promis qu'elle serait invitée.

Le père Piquedent fut très touché de tout ce que je lui racontai d'elle.

J'ajoutai:

— Elle vous aime, monsieur Piquedent; et je la crois une honnête fille. Il ne faut pas la séduire et l'abandonner ensuite!

Il répondit avec fermeté:

— Moi aussi je suis un honnête homme, mon ami.

Je n'avais, je l'avoue, aucun projet. Je faisais une farce, une farce d'écolier, rien de plus. J'avais deviné la naïveté de mon vieux pion, son innocence et sa faiblesse. Je m'amusais sans me demander comment cela tournerait. J'avais dix-huit ans, et je passais pour un madré farceur,[1] au lycée, depuis longtemps déjà.

Donc il fut convenu que le père Piquedent et moi partirions en fiacre jusqu'au bac de la Queue-de-Vache, nous y trouverions Angèle, et je les ferais monter dans mon bateau, car je canotais en ce temps-là. Je les conduirais ensuite à l'île des Fleurs, où nous dînerions tous les trois. J'avais imposé ma présence, pour bien jouir de mon triomphe, et le vieux, acceptant ma combinaison, prouvait bien qu'il perdait la tête en effet en exposant ainsi sa place.

Quand nous arrivâmes au bac, où mon canot était amarré depuis le matin, j'aperçus dans l'herbe, ou plutôt au-dessus des hautes herbes de la berge, une ombrelle rouge, énorme, pareille à un coquelicot monstrueux. Sous l'ombrelle nous attendait la petite blanchisseuse endimanchée. Je fus surpris; elle était vraiment gentille, bien que pâlotte, et gracieuse, bien que d'allure un peu faubourienne.[2]

---

1 *un madré farceur:* a regular wag.
2 *d'allure un peu faubourienne:* rather lower class.

Le père Piquedent lui tira son chapeau en s'inclinant. Elle lui tendit la main, et ils se regardèrent sans dire un mot. Puis ils montèrent dans mon bateau et je pris les rames.

Ils étaient assis côte à côte, sur le banc d'arrière.

Le vieux parla le premier:

— Voilà un joli temps, pour une promenade en barque.

Elle murmura:

— Oh! oui.

Elle laissait traîner sa main dans le courant, effleurant l'eau de ses doigts, qui soulevaient un mince filet transparent, pareil à une lame de verre. Cela faisait un bruit léger, un gentil clapot, le long du canot.

Quand on fut dans le restaurant, elle retrouva la parole, commanda le dîner: une friture, un poulet et de la salade; puis elle nous entraîna dans l'île, qu'elle connaissait parfaitement.

Alors elle fut gaie, gamine et même assez moqueuse.

Jusqu'au dessert, il ne fut pas question d'amour. J'avais offert du champagne, et le père Piquedent était gris. Un peu partie elle-même, elle l'appelait:

— Monsieur Piquenez.

Il dit tout à coup:

— Mademoiselle, M. Raoul vous a communiqué mes sentiments.

Elle devint sérieuse comme un juge.

— Oui, Monsieur.

— Y répondez-vous?

— On ne répond jamais à ces questions-là!

Il soufflait d'émotion et reprit:

— Enfin, un jour viendra-t-il où je pourrai vous plaire?

Elle sourit:

— Gros bête! Vous êtes très gentil.

— Enfin, Mademoiselle, pensez-vous que plus tard, nous pourrions?...

Elle hésita, une seconde; puis d'une voix tremblante:

— C'est pour m'épouser que vous dites ça? Car jamais autrement, vous savez?

— Oui, Mademoiselle!

— Eh bien! ça va, monsieur Piquenez?

C'est ainsi que ces deux étourneaux se promirent le mariage, par la faute d'un galopin. Mais je ne croyais pas cela sérieux, ni eux non plus, peut-être. Une hésitation lui vint à elle:

— Vous savez, je n'ai rien, pas quatre sous.

Il balbutia, car il était ivre comme Silène:

— Moi, j'ai cinq mille francs d'économies.

Elle s'écria triomphante:

— Alors nous pourrions nous établir?

Il devint inquiet:

— Nous établir quoi?

— Est-ce que je sais, moi? Nous verrons. Avec cinq mille francs, on fait bien des choses. Vous ne voulez pas que j'aille habiter dans votre pension, n'est-ce pas?

Il n'avait point prévu jusque-là, et il bégayait fort perplexe:

— Nous établir quoi? Ça n'est pas commode! Moi je ne sais que le latin!

Elle réfléchissait à son tour, passant en revue toutes les professions qu'elle avait ambitionnées.

— Vous ne pourriez pas être médecin?

— Non, je n'ai pas de diplôme.

— Ni pharmacien?

— Pas davantage.

Elle poussa un cri de joie. Elle avait trouvé:

— Alors nous achèterons une épicerie! Oh! quelle chance! nous achèterons une épicerie! Pas grosse par exemple; avec cinq mille francs on ne va pas loin.

Il eut une révolte:

— Non, je ne peux pas être épicier... Je suis... je suis... je suis trop connu... Je ne sais que... que... que le latin... moi...

Mais elle lui enfonçait dans la bouche un verre plein de champagne. Il but et se tut.

Nous remontâmes dans le bateau. La nuit était noire, très noire. Je vis bien, cependant, qu'ils se tenaient par la taille et qu'ils s'embrassèrent plusieurs fois.

Ce fut une catastrophe épouvantable. Notre escapade, découverte, fit chasser le père Piquedent. Et mon père, indigné, m'envoya finir ma philosophie dans la pension Ribaudet.

Je passai mon bachot six semaines plus tard. Puis j'allais à Paris faire mon droit; et je ne revins dans ma ville natale qu'après deux ans.

Au détour de la rue du Serpent, une boutique m'accrocha l'œil. On lisait: *Produits coloniaux Piquedent.* Puis dessous, afin de renseigner les plus ignorants: *Épicerie.*

Je m'écriai:

— *Quantum mutatus ab illo!*

Piquedent leva la tête, lâcha sa cliente et se précipita sur moi les mains tendues.

— Ah! mon jeune ami, mon jeune ami, vous voici! Quelle chance! Quelle chance!

Une belle femme, très ronde, quitta brusquement le comptoir et se jeta sur mon cœur. J'eus de la peine à la reconnaître, tant elle avait engraissé.

Je demandai:

— Alors ça va?

Piquedent s'était remis à peser:

— Oh! très bien, très bien, très bien. J'ai gagné trois mille francs nets, cette année!

— Et le latin, monsieur Piquedent?

— Oh! mon Dieu, le latin, le latin, le latin, voyez-vous, il ne nourrit pas son homme!